中国科协农村专业技术服务中心"农技协赋能产业提
委托科研项目"总结全国农业社会化服务创新试点经

小麦病虫害防治外包的
影响效应与推广路径研究

李　婕　王玉斌　著

经济日报出版社

北　京

图书在版编目（CIP）数据

小麦病虫害防治外包的影响效应与推广路径研究 / 李婕，王玉斌著. -- 北京：经济日报出版社，2025. 4.
ISBN 978-7-5196-1537-6

Ⅰ．F326.6

中国国家版本馆CIP数据核字第2024AW4308号

小麦病虫害防治外包的影响效应与推广路径研究
XIAOMAI BINGCHONGHAI FANGZHI WAIBAO DE YINGXIANG XIAOYING YU TUIGUANG LUJING YANJIU

李 婕 王玉斌 著

出版发行：	经济日报出版社
地 址：	北京市西城区白纸坊东街2号院6号楼
邮 编：	100054
经 销：	全国各地新华书店
印 刷：	三河市国英印务有限公司
开 本：	710mm×1000mm 1/16
印 张：	10.5
字 数：	158千字
版 次：	2025年4月第1版
印 次：	2025年4月第1次
定 价：	50.00元

本社网址：www.edpbook.com.cn 微信公众号：经济日报出版社
请选择正版图书，采购、销售盗版图书属违法行为
版权专有，盗版必究。本社法律顾问：北京天驰君泰律师事务所，张杰律师
举报信箱：zhangjie@tiantailaw.com 举报电话：(010) 63567684
本书如有印装质量问题，由我社事业发展中心负责调换，联系电话：(010) 63538621

前　言

改革开放以来，中国农业综合生产能力稳步增强，农业的压舱石作用日趋稳固。但农业经济增长与生态环境安全之间的矛盾依然存在。分散经营模式下，小农户不规范施药行为广泛存在，造成了农业面源污染加剧、农业生态系统退化等负面影响，同时也引发了食品安全与人体健康等诸多风险问题。病虫害的发生具有不可预见性、暴发性及多节点性特征，其防治是农业生产过程中技术含量最高、风险控制难度最大的环节，防治过程对劳动力的需求既紧迫又频繁，因而易将农业劳动力桎梏于农业生产，降低了农民非农就业的持续性与稳定性。

理论上，病虫害防治外包不仅能够缓解劳动供给趋紧难题，优化资源配置效率，还能通过迂回方式将新要素和新技术引入小农生产，是中国落实农药减量增效、保障农业生态效益的有效载体。然而，在各级政府倾入大量资源、精力补齐生产性服务业短板的同时，囿于各方利益主体的差异性诉求和行为导向冲突，病虫害防治外包的现实发展进程始终滞缓，其保障经济效应、巩固生态效益等作用难以充分发挥。

本书构建了小麦病虫害防治外包影响效应与推广路径的理论分析框架，基于鲁、豫两省552份小麦种植户微观调研数据，运用内生转换模型（ESR）、普通最小二乘法（OLS）、工具变量分位数回归模型（IVQR）、损害控制模型、C-D生产函数模型、内生转换Probit模型（ESP）、倾向得分匹配法（PSM）、Logit模型、解释结构模型（ISM）、演化博弈模型、仿真分析等，重点评估小麦病虫害防治外包的经济效应与生态效应，即首先明确其对农户家庭收入及农户农药施用的影响，然后分析病虫害防治外包行为的约束与动因，最后探讨病虫害防治外包的推广路径。本书主要研究结论如下。

第一，关于病虫害防治外包对农户家庭收入影响的研究表明：①病虫害防治外包对于农户家庭增收具有积极的促进作用；②具体到家庭收入结构来说，病虫害防治外包对农户家庭种植业净收入未产生显著的影响，但有助于提升农户家庭纯工资性收入；③病虫害防治外包通过专业分工路径和资源配置路径提升农户家庭纯收入；④病虫害防治外包有利于提高低收入水平农户的家庭纯收入，产生了较好的"益贫效应"而非"马太效应"。

第二，关于病虫害防治外包对农户农药施用影响的研究结果表明：①鲁、豫两省552户小麦种植户中，占样本73.2%的404户小麦种植户在小麦种植过程中农药过量施用现象普遍存在；②绝对视角层面，病虫害防治外包能够有效降低农户农药施用强度；③相对视角层面，病虫害防治外包能够有效降低农户过量施用农药的可能；④病虫害防治外包对年龄较小的农户、受教育程度更低的农户及家庭收入更高的农户农药施用强度及过量施用农药的负向作用更强。

第三，关于病虫害防治外包行为约束与动因的研究表明：①土地细碎化程度、技术培训、作业次数、减产风险认知、服务信息获取难易度是农户采纳病虫害防治外包服务的制约因素，而参与合作社、病虫害暴发频率、社会信任、本村服务供给方、受教育程度、劳动力比例、非农就业比例是农户采纳病虫害防治外包服务的促进因素；②小麦种植户病虫害防治外包行为的发生机制可归纳为"三条路径"和"两个直接驱动因素"。具体来看，路径一：劳动力比例→技术培训、作业次数、非农就业比例→病虫害防治外包行为。路径二：社会信任、受教育程度→参与合作社→技术培训、作业次数、非农就业比例→病虫害防治外包行为。路径三：本村服务供给方→服务信息获取难易度→减产风险认知→病虫害防治外包行为。直接驱动因素一：土地细碎化程度→病虫害防治外包行为。直接驱动因素二：病虫害暴发频率→病虫害防治外包行为。在路径二与路径三中，信任是降低交易成本的基础。

第四，关于病虫害防治外包推广路径的研究表明：①较低水平的政策实施力度不会对农户和服务组织的病虫害防治行为产生显著推动作用，只有政府的引导、激励与监管水平提高到一定程度，才能够有效促进三方主体协同进行现代化病虫害防治；②当农户选择外包防治、服务组织选择提供积极防治服务及政府选择应用政策工具的意愿提升到一定水平时，政策工具才能够有效协调农户与服务组织的行为抉择，且意愿越强越能快速达到三方共同治理病虫害的稳定状态；③实施单项政策工具时，监管型政策实施后各方主体的收敛速度最快，引导型政策和激励型政策的收敛速度虽慢，但合作状态却更为稳定。政策工具叠加可以有效规避仅实施单项低水平政策工具时所面临的政策低效率情况。政策工具两两组合时，引导型政策与激励型政策的搭配比其他两两组合更加有效，而在此基础上再加入监管型政策作用效果更优。

基于上述研究结论，本书提出如下对策建议：第一，持续加强病虫害防治外包服务的宣传与推广，提高农户认知水平；第二，多渠道协同推进，完善病虫害防治外包基础条件；第三，加强病虫害防治外包服务市场治理，消除农户与服务组织间的信息不对称的壁垒；第四，因地制宜地制定差别化、多元化的病虫害防治外包服务推广模式。

著　者

2024 年 7 月

目 录

第一章 导论 1
    第一节 研究背景与研究意义 1
    第二节 文献综述 5
    第三节 研究目标与研究内容 14
    第四节 研究方法、技术路线与数据来源 17
    第五节 可能的创新之处 20

第二章 理论基础与分析框架 22
    第一节 核心概念界定 22
    第二节 理论基础 23
    第三节 分析框架 27

第三章 病虫害防治外包的发展演变与现状分析 38
    第一节 农业病虫害防治外包的发展演变历程 38
    第二节 病虫害防治外包产生的原因 40
    第三节 调研样本区小麦种植户病虫害防治外包现状分析 42
    第四节 本章小结 53

第四章 病虫害防治外包对农户家庭收入的影响
    ——基于家庭收入结构视角 55
    第一节 引言 55
    第二节 变量选择与数据描述 55
    第三节 模型构建选择与设定 62
    第四节 实证检验与结果分析 64
    第五节 本章小结 74

第五章 病虫害防治外包对农户农药施用的影响
　　——基于绝对与相对双重视角 …………………………… 76
　　第一节　引言 …………………………………………………… 76
　　第二节　变量选择与数据描述 ………………………………… 76
　　第三节　模型构建与变量选择 ………………………………… 84
　　第四节　实证检验与结果分析 ………………………………… 90
　　第五节　本章小结 ……………………………………………… 102

第六章 病虫害防治外包行为的约束与动因
　　——基于交易成本与农户信任视角 …………………………… 104
　　第一节　引言 …………………………………………………… 104
　　第二节　变量选择与数据描述 ………………………………… 104
　　第三节　模型构建与变量选择 ………………………………… 108
　　第四节　实证检验与结果分析 ………………………………… 110

第七章 病虫害防治外包的推广路径
　　——基于有效防控主体视角 …………………………………… 119
　　第一节　引言 …………………………………………………… 119
　　第二节　问题描述及模型设定 ………………………………… 119
　　第三节　三方博弈主体策略演化分析 ………………………… 121
　　第四节　数值仿真与分析 ……………………………………… 133
　　第五节　本章小结 ……………………………………………… 137

第八章　对策建议与未来研究方向 …………………………… 139
　　第一节　对策建议 ……………………………………………… 139
　　第二节　存在的不足与未来研究方向 ………………………… 141

参考文献 ………………………………………………………… 143

第一章 导论

第一节 研究背景与研究意义

一、研究背景与问题提出

粮食是关系人民生活、社会安定及国家安全的重要战略物资。改革开放以来，中国农业生产取得了辉煌成就，粮食总产量从1978年的3.0477亿吨稳定增长至2021年的6.8285亿吨[①]。然而，与之相伴的是，我国农业害虫种类不断增加，虫灾日益频繁，危害日趋严重（严火其，2021）。化学农药作为克服农业病虫害的重要生产要素，在挽回农业损失、确保农产品稳产丰产中发挥了不可或缺的作用。然而，受限于个体意识与能力，分散经营的小农户无法掌握专业的农药施用知识（黄季焜等，2008），导致现阶段中国小农户不规范施药行为广泛存在（王建华等，2014；黄祖辉等，2016）。据农业农村部披露，2020年中国三大主粮农药利用率为40.6%[②]。作为世界上最大的农药生产国和消费国，中国长期过量低效使用农药不仅加剧了农业面源污染，降低农业耕地质量，危害劳动者健康，又反过来消耗农业经济增长带来的社会福利（杨芷晴，2019），并诱发农产品质量安全、生态环境恶化等一系列风险隐患（姜健等，2017）。当前，

---

① 数据来源：国家统计局农村社会经济调查司. 中国农村统计年鉴：2022 [M]. 北京：中国统计出版社，2022.

② 数据来源：农业农村部网站. http://www.moa.gov.cn/xw/bmdt/202101/t20210119_6360102.htm.

伴随中国经济步入高质量发展阶段，消费者的需求与偏好发生了根本性转变，产业增长方式由数量扩张转向为质量提升，"农药过度依赖"和"生态失衡加剧"等现实困境亟待解决。对此，国家有关部门相继出台一系列政策推进并实施化学农药减量增效行动：2015年农业部印发《到2020年农药使用量零增长行动方案》；2016—2021年中央一号文件连续多年关注农药减量行动，并在农药使用量由"零增长"转向"负增长"的基础之上进一步提出"减量兼顾增效"的战略方针，探寻农药减量增效的有效对策已成为中国农业高质量发展和绿色生产转型的当务之急。

伴随专业化分工的逐步深化，农业生产经营活动的可分性不断增强，农业生产性服务业这一分工模式的出现不仅有效化解了城镇化进程中因农村劳动力非农化转移而引致的劳动力结构性失衡难题（姜长云，2016），而且还能突破要素禀赋局限、实现服务规模经济（罗必良，2017），为助推小农户与现代农业有机衔接提供了全新路径。作为生产性服务业的关键环节，病虫害防治外包的行为过程是农户根据自身需求并通过有偿形式，将农业病虫害的防治作业全部或部分交给更具比较优势的种植大户、农民合作社、专业服务组织等经营主体，进而运用农用器械高效完成的分工模式。

作为农业生产的微观决策主体，农户对于病虫害防治外包的采纳直接关系着其持续健康发展。因此，国家有关部门相继出台多项政策举措，从最初关注加快发展农业社会化服务转向重视其短板环节的跟进效应，循序渐进地推动农业社会化服务深度发展与均衡发展。2015年、2018年和2019年中央一号文件多次强调"完善农业服务体系，促进农民增收"的迫切需求，2022年中央一号文件则明确提出要"聚焦关键薄弱环节，加快发展农业社会化服务"。

学术界就农业生产环节外包对农户家庭收入（孙晓燕和苏昕，2012；杨志海，2019；王玉斌和李乾，2019；赵鑫等，2021）、农户农药施用（杨高第等，2020；闫阿倩等，2021；郑纪刚和张日新，2021）的影响以及农业生产环节外包行为的影响因素（蔡荣和蔡书凯，2014；赵培芳和王玉斌，2020）、推广路径（王定祥和李虹，2016；张宗毅和杜志雄，2018；

焦芳芳和刘启明，2020；韩青等，2021）展开了丰富探讨。部分学者在进一步分析中就各个环节的具体内容进行剖析，试图从中挖掘病虫害防治外包的相关结论，抑或更为笼统地将病虫害防治环节囊括到技术密集型环节做进一步探讨与分析。另外，现有研究多用农户购买农业生产各个环节外包服务的环节数表示其外包程度，这种操作方式未充分考虑环节异质性，而是将各个环节等同视之，并把外包环节数相同而实际采纳环节不同的农户视为同一群体。由此可见，单独有针对性地探讨病虫害防治外包的影响效应及推广路径具有其必要性。

小麦是中国三大主粮之一，其稳产高产对于保障粮食安全、推动经济增长具有关键作用。同时，小麦又是中国种植区域分布最广、开展土地托管服务最早、托管面积与托管比例较大的作物①，因此本研究选择将小麦种植户作为研究对象，以期为其他作物推广病虫害防治外包提供参考。另外，山东省和河南省是我国小麦主产省份，在我国小麦生产中占据重要地位，2021年两省小麦种植面积及产量分别占全国的41.09%和47.02%②。山东省农业规模化经营程度较高，各项生产技术推广效果较好，其病虫害防治机械化率位居全国前列。而河南省则是我国传统的劳务输出大省，2017年农民工总量高达2917万人，占全国比重的10.18%，居全国首位（高更和等，2021），展现了当前农户"半工半耕"的生计模式。鲁、豫两省小麦种植户作为全国的典型与代表，能够更好地揭示当前我国小麦病虫害防治外包的发展形势及其成效，可为其持续推广提供借鉴经验。

有鉴于此，本书聚焦小麦病虫害防治外包的影响效应与推广路径，验证并回答如下4个问题。

第一，基于效用最大化目标，小麦病虫害防治外包能否促进农户家庭增收？进一步地说，对于家庭收入结构中的种植业收入与工资性收入具有

---

① 根据《中国统计年鉴—2022》，除海南省外，全国各地均有小麦种植，小麦是中国种植区域分布最广的大田作物；早在2006年，各地便针对小麦开展了农业服务外包，而玉米、水稻的外包服务基本开始于2008年以后。当前，小麦土地托管服务体系最为成熟，托管面积较大、托管比例较高。

② 数据来源：国家统计局农村社会经济调查司. 中国农村统计年鉴：2022［M］. 北京：中国统计出版社，2022.

怎样的影响？通过何种路径影响农户家庭收入？对于不同收入水平的农户是否具有差异性影响？

第二，基于资源环境约束，小麦病虫害防治外包能否减少农药施用强度（绝对视角）？能否改善农药过量施用情况（相对视角）？对不同类型的农户是否具有差异性影响？

第三，基于交易成本与农户信任视角，小麦种植户病虫害防治外包的采纳决策受哪些因素的影响？这些影响因素的内在层级关系是怎样的？

第四，基于有效防控主体视角，农户、服务组织及政府在病虫害防治外包过程中的动态博弈关系是怎样的？各行为主体在不同初始意愿及不同政策工具组合下的动态作用机制是怎样的？

基于上述现实问题与政策背景，本书在梳理既有文献的基础之上，构建病虫害防治外包影响效应与推广路径的理论分析框架，以期从经济学角度阐述农户采纳病虫害防治外包的内在逻辑及影响因素，并在实践层面为推进农业高质量发展、构建高效的病虫害防治外包政策体系提供政策参考。

二、研究意义

补齐农业生产性服务的关键短板、健全完善农业社会化服务体系是我国农业农村现代化进程中的重要议题之一。本书在既有文献的基础之上构建理论分析框架，考察病虫害防治外包的经济效应、生态效应，并进一步探讨其影响因素与推广路径，同时建立计量模型进行实证支撑，在理论方面与现实方面具有重要意义。

1. 理论意义

第一，学术界不乏关于农业生产环节外包影响效应及其推广路径的研究，但聚焦于病虫害防治外包的相关研究却较为匮乏。本研究有针对性地探讨病虫害防治外包的影响效应及推广路径，是对相关研究和理论的丰富与拓展。

第二，本研究基于分工理论、农户行为理论、交易成本理论、委托代理理论与规模经济理论，构建小麦病虫害防治外包影响效应与推广路径的理论分析框架，为重新审视病虫害防治外包对农户家庭收入与农户农药施用的影响、调整优化病虫害防治外包的推广路径提供思维路径。

2. 现实意义

第一，在农村劳动力结构性失衡及小农生产模式长期存在的现实背景下，病虫害防治外包在坚持家庭经营的基础上实现服务规模经营，有助于释放农业富余劳动力，拓宽农户家庭的就业途径与增收渠道。明确病虫害防治外包的经济效应，探究其对于农户家庭收入的影响，可以为持续推广病虫害防治外包、促进农民增收提供实践指导。

第二，"农药过度依赖"和"生态失衡加剧"等现实问题已引起了社会各界的广泛关注。病虫害防治外包是中国落实农药减量增效、保障农业生态效益的有效载体，也是当代农民适应农业生产要素变迁与农业生产方式革新的内在迫切要求。明确病虫害防治外包的生态效应，探究其对于农户农药施用强度及农药施用是否过量的影响，可以为促进农业高质量发展和绿色生产转型提供可行方案，对于实现"质量兴农""绿色兴农"具有重要的现实意义。

第三，与专业化服务相对成熟、标准化程度较高的耕种收环节相比，病虫害防治外包的采纳程度较低。小农户在病虫害防治时面临劳动供给约束与技术约束，导致不规范施药行为广泛存在。而病虫害防治外包则能够将服务组织先进的技能及现代化植保器械引入小农生产，有助于缓解劳动供给约束与技术约束。通过探讨病虫害防治外包的制约因素和促进因素及其推广路径，可以为政府制定和实施农业病虫害防治外包支持政策提供参考，这对于健全农业社会化服务体系意义重大。

第二节 文献综述

病虫害防治外包是资本替代要素的有效路径，对于农业高质量发展与绿色生产转型具有重要意义。聚焦于研究主题，本研究从病虫害防治外包对农户家庭收入影响的相关研究、病虫害防治外包对农户农药施用影响的相关研究、病虫害防治外包行为影响因素的相关研究及病虫害防治外包推广路径的相关研究四个方面对既有文献进行梳理与总结，旨在厘清已有研究脉络，为后续开展理论分析与实证分析奠定基础。

一、病虫害防治外包对农户家庭收入影响的相关研究

"三农"问题中农民问题是最核心、最复杂的问题，而"三农"问题的第一要义就是要探讨促进农户增收的思路和途径。学术界就农业生产环节外包的福利效应展开了较为丰富的探讨，其中部分学者就各个环节的外包增收效应进行剖析，试图挖掘病虫害防治外包的经济效应，但尚未取得一致性的结论。

第一，"驱动派"学者认为病虫害防治外包对于农户家庭增收具有积极的促进作用。理论研究方面，学者们发现：一方面，农业病虫害防治外包是促进农业分工、进行专业化生产的有效举措；另一方面，农业病虫害防治外包能节约劳动力，促进资源有效配置，推动非农转移，从而提高农户家庭总收入（孙晓燕和苏昕，2012；冀名峰，2018）。实证研究方面，大部分学者直接从收入视角展开分析（杨志海，2019；王玉斌和李乾，2019；赵鑫等，2021）。王玉斌和李乾（2019）基于 CHIP 数据和典型案例，研究农业生产性服务对农民收入的影响，发现病虫害统防统治对农民收入具有显著的正向影响。杨志海（2019）采用内生转换回归模型对1027户长江流域农户的外包福利效应展开研究，结果发现生产环节外包对于农户的家庭年人均纯收入具有促进作用，而且田间管理环节外包的福利效应高于整地和收割环节。此外，也有学者从成本视角展开相关讨论，Tang 等（2018）研究得出，包括病虫害防治在内的技术服务能够有效提高成本效率，从而有助于节约生产成本。张红宇（2019）结合典型案例说明病虫害防治外包可以通过降低生产成本、提供技术信息、释放劳动力来促进农户家庭增收。

第二，"无济派"学者认为病虫害防治外包对于农户家庭收入没有影

响。Sun 等（2018）研究发现病虫害防治外包对农户农业收入没有显著影响。原因在于农业生产资料及外包服务成本的大幅增加可能会削弱病虫害防治外包专业服务带来的潜在收益。王玉斌和李乾（2019）从增产视角探讨了这一问题，发现病虫害防治外包对于粮食增产的作用不显著。

第三，"抑制派"学者认为病虫害防治外包对于农户家庭增收具有消极的抑制作用。孙顶强等（2016）研究发现病虫害防治外包对水稻的生产技术效率具有显著负向影响，并对此作出解释，病虫害防治外包虽不能促进农业生产效率的提升，但却是农户作为"经济人"基于家庭效应最大化所做的理性选择。陈哲等（2022）指出当农业外包行为所产生的交易费用高于农业专业化分工所带来的收益时，农业生产环节外包在成本节约和创新溢价两方面的优势会被削弱，从而加大土地撂荒的风险，对粮食安全造成巨大威胁。

二、病虫害防治外包对农户农药施用影响的相关研究

现阶段中国农户普遍存在不规范施药行为（米建伟等，2012；王建华等，2014；黄祖辉等，2016），农药高毒性、难降解的特性及其带来的病虫草害抗药性等问题（黄炎忠和罗小锋，2018）造成农业面源污染加剧、农业生态系统退化等负面影响，同时也引发了食品安全与人体健康等方面的诸多风险（李昊等，2017）。农药不规范施用引致的诸多负外部性引起了社会各界的关注，学者就农药施用展开了较为丰富的研究，主要集中于以下三个方面。

第一，农药施用的衡量标准。一方面，学者们基于"绝对量"信息，通常使用农药施用量（黄季焜等，2008；Abedullah et al.，2014；高晶晶和史清华，2019；郑淋议等，2021）、农药施用次数（Atreya，2007；应瑞瑶和朱勇，2015；应瑞瑶和徐斌，2017；张倩等，2019）来衡量农户农药施用情况。然而，农药具有种类繁多、价格不一且成分与含量存有差异的特征。因此，一些学者将农药价格信息涵盖其中，采用农药投入成本来表征农户农药施用情况（Jallow et al.，2017；张倩等，2019；杨高第等，2020；郑淋议等，2021）。另一方面，学者们基于"相对量"信息，以某

一标准为媒介从相对视角衡量农户的农药施用情况。王常伟和顾海英（2013）、田云等（2015）、秦诗乐和吕新业（2020）以说明书规定用量为标准，用是否超过说明书用量来描述农户的施药行为。而周曙东和张宗毅（2013）、朱淀等（2014）、李昊等（2017）、姜健等（2017）、秦诗乐和吕新业（2020）、蔡文聪等（2023）通过测算农药边际生产率进而用农药施用是否过量来衡量农户的施药行为。

第二，农药边际生产率的测算。早期，学者们通过 C-D 生产函数模型（Headley，1968；Carpentier and Weaver，1995）、二次生产函数模型（Miranowski，1975）、随机系数模型（Teague and Brorsen，1995）测算农户农药边际生产率。虽然 C-D 生产函数模型与二次生产函数模型的设定不同，但两个模型都把农药视为直接生产要素，即将农药与农业生产过程中投入的其他生产性要素同等对待。但 Lichtenberg and Zilberman（1986）却对以上观点存有异议，他们认为农药在农业生产中的作用在于减少病虫草害所引致的产量损失，并不能直接提高农作物产出，从而将农药定义为损害控制投入，并基于这一思想提出损害控制模型。随后，Babcock et al.（1992）、Jha and Regmi（2009）、Asfaw et al.（2008）、Huang et al.（2000）、Huang et al.（2002）、周曙东和张宗毅（2013）、朱淀等（2014）、姜健等（2017）基于损害控制模型测算了不同作物的农药边际生产率。

第三，农药施用的影响因素。学者们主要从内部特征和外部环境两方面对农户农药施用进行探讨与分析。在内部特征中，主要关注了农户个人特征、家庭资源禀赋特征及生产经营特征，如农户认知（黄季焜等，2008；童霞等，2014；郭利京和王颖，2018；余威震等，2019）、风险偏好（黄季焜等，2008；齐琦等，2020；王成利和刘同山，2021）、社会网络（郭清卉等，2020）、非农就业（钱文荣和郑黎义，2010；纪月清等，2015；Ma et al.，2018）、种粮目的（余威震等，2019）、经营规模（Schreinemachers et al.，2017）等。而在外部环境中，则较多地分析了参与合作社（蔡荣和韩洪云，2012；蔡荣等，2019；王雨濛等，2020）、购买农业保险（Kahneman and Tversky，1979；Liu and Huang，2013；）、政府与市场的激励和约束（王常伟和顾海英，2013；黄祖辉等，2016；李昊等，2017）。黄季焜等（2008）以转 Bt 基因抗虫棉为例，探究农户过量施用农药的影响因素，结果表明技术信息知识和风险偏好是决定农户农药施用的重要因素。齐琦等（2020）运用结构方程模型探究蔬菜种植户的农药施用，结果发现农户风险感知与农户施药行为之间存在相应关系，而是否参与合作社对农户风险感知与施药行为的作用关系起到一定的调节作用。郭清卉等（2020）从社会学习和社会网络视角出发，探究农户农药减量化行为，结果发现只有一般社会网络才能发挥作用。

学者们逐渐认识到，服务规模经营及其分工交易应成为农业减量化的重要逻辑（张露和罗必良，2019；张露和罗必良，2022）。作为农业社会化服务的重要环节之一，病虫害防治外包对于规范农户农药施用具有极大的潜在优势。相较于个体农户，防治组织不仅具备更强的要素信息采集与甄别能力（郑纪刚和张日新，2022），还拥有更为先进的、专业的农药施用技术和器械（张露和罗必良，2019）。因此，学者们开始注重探讨病虫害防治外包对于规范农药施用的作用。杨高第等（2020）通过实证分析验证得出农业社会化服务有助于降低农户农药投入费用，蔡文聪等（2023）也得到了相同的结论。闫阿倩等（2021）发现农户采纳病虫害防治服务不仅提高了农户采纳农药减量技术的可能性，还提高了农户农药减量程度。而应瑞瑶和徐斌（2017）从研究中得出植保专业化服务与农户自行防治相比，植保专业化服务能够显著提高低毒农药与无公害农药的采纳程度，并能减少农户的农药施用次数。许建平等（2022）就北京市丰台区农业面源污染防治的实践经验进行总结，结果发现病虫害防治外包能够有效降低农药的施用强度，其中的原因在于病虫害防治外包有助于提高植保技术的到位率，从而产生正向的生态效应。

三、病虫害防治外包行为影响因素的相关研究

学术界就农业生产环节外包行为的影响因素展开了探讨，大多数学者从决策者个人特征、农户家庭特征及生产经营特征等资源禀赋视角进行剖析（王志刚等，2011；蔡荣和蔡书凯，2014；申红芳等，2015；展进涛等，2016；周丹等，2016；段培等，2017；陆岐楠等，2017；孙顶强等，

2019），同时较多地关注了外包价格（申红芳等，2015；展进涛等，2016；周丹等，2016；段培等，2017）、区域社会化服务环境（申红芳等，2015；周丹等，2016；陆岐楠等，2017）及政策保障与支持（王志刚等，2011；申红芳等，2015；周丹等，2016）的作用和效果，并在进一步的异质性分析中探讨了病虫害防治外包的影响因素。孙顶强等（2019）指出农业生产环节外包具有一定的不确定性，农户的风险偏好程度对于采纳病虫害防治外包产生显著的影响。但由于病虫害防治环节作业质量较难监督，因而在一定程度上抑制了农户选择病虫害防治外包服务。

　　作为农业生产环节外包的薄弱环节，病虫害防治外包越来越受到学者们的关注，因而也有学者侧重于病虫害防治环节，展开其外包行为影响因素的探讨。陈欢等（2018）对江苏省稻农病虫害统防统治服务的影响因素展开研究，结果发现农户对防治效果的认识是尤为关键的因素，而且农户面对包药防治方式与全承包方式的选择时，其影响因素具有一定的差异。张利国和吴芝花（2019）首先通过 Logit 模型探讨了大湖地区稻农专业化统防统治采纳意愿的影响因素，随后又通过 ISM 模型确定了各影响因素之间的层级结构。应瑞瑶和徐斌（2014）以及孙顶强和邢钰杰（2022）的研究中均指出周围农户的示范效应有助于农户采纳病虫害防治外包。

　　事实上，分工与交易相伴，农业生产环节外包本质上仍隶属交易范畴（蔡荣和蔡书凯，2014），这种农业可分工性下的外包行为必然受制于分工引致的交易成本（胡新艳等，2015）。因而，学者们也从交易成本视角对农业生产环节外包行为进行了经济学解释，但尚未形成一致性结论。蔡荣和蔡书凯（2014）基于资源基础理论与交易成本理论的双重视角对农业生产环节外包行为进行实证分析，发现各个环节的治理方式与外包程度存有差异，其中防治环节不存在混合治理现象，且其外包采纳程度较低。陈思羽和李尚蒲（2014）通过实证分析得出物质资产专用性、地理资产专用性及风险性抑制了各个环节的外包行为，而人力资产专用性和规模性却仅促进了劳动密集型环节的外包行为。胡新艳等（2015）研究发现资产专用性对农业环节纵向可分工性有促进效果，而交易风险、交易频率则有抑制效果。曹峥林等（2017）发现地理和物质资产专用性、经营和市场风险对于农户生产环节外包行为具有抑制作用,且这些影响效应存在环节属性差异。梁杰等(2021)得出资产专用性、交易不确定性和交易频率的增强均能导致交易成本增加,从而阻碍农业生产环节外包。

学者们在剖析病虫害防治外包采纳率低的成因时发现:与其他环节不同,病虫害防治外包的效果评估具有时滞性,其服务质量不能及时考核,且其实施效果通常不可逆,具有复杂性和效果不确定性(李成龙等,2022),因而农户对病虫害防治外包持谨慎态度(黄季焜等,2008)。在这种信息不对称的情况下,农户希望通过交易信任机制对防治服务供给主体进行责任追溯("能找到你")与行为约束("你跑不掉")(王全忠等,2022)。此外,社会信任凝结着"血缘"与"地缘",其长期存在于农村社会的日常人际交往与事务治理中,是乡村社会运转的重要因素(彭华新和宋思茹,2022)。农户从观摩学习到模仿采纳病虫害防治外包的行为调试过程中,离不开社会信任所带来的督促、交流与支撑作用。所以不难看出,病虫害防治外包采纳过程必须以农户信任机制为前提,这也是病虫害防治外包异于其他环节外包的突出特质。

四、病虫害防治外包推广路径的相关研究

党的十八大以来,中共中央办公厅、农业农村部等相关部门陆续出台政策举措用以推进农业农村绿色发展。然而,目前国内生态补偿机制尚未健全,农业污染行为成本低且监管乏力,对于农业绿色生产供需双方的激励措施严重缺乏,政府规制也并未达到预期治理效果(杨芷晴,2019)。因此,如何充分发挥现有政策对于相关利益主体生产行为的约束作用,推动现代农业由依赖化学要素的粗放模式转向绿色高质量的生产方式已成为近期政府和学界热议的焦点。立足本研究主题,目前国内外基于政策层面探讨病虫害防治外包行为的研究成果仍相对匮乏,然而关于如何引导农户科学施药、提高农业生产外包参与行为的政策研究已汗牛充栋,本书从以下三方面进行综述。

第一,就农药施用而言,既有成果针对单一的引导型政策(王建华等,2014;应瑞瑶和朱勇,2015;李昊等,2017)、监管型政策(Shumway

和 Chesser，1994；代云云和徐翔，2012）和激励型政策（庄天慧等，2021）对农户过量施药的改善作用展开分析，证实上述政策对于规范农户安全施药行为尤为重要。另外，也有学者将多类政策纳入统一框架试图揭示多类政策的叠加效应，但研究结论莫衷一是。Skevas 等（2012）探究监管型和激励型政策的作用效果，结果证实只有监管型政策轻微降低了荷兰种植户的农药施用量。Hruska（1990）和王建华等（2015）发现引导型、监管型和激励型政策均能规范农户的施药行为。黄祖辉等（2016）发现各类政策的效果存有差异，其中引导型政策、命令控制政策能够分别规范农户施药前的标签阅读以及施药过程中的行为，而激励型政策对于整个施药过程均有显著影响。

第二，对于农业生产环节外包，其快速发展离不开政府调控和政策规范（高强和孔祥智，2013；姜长云，2020；武舜臣等，2021）。然而，近期农业生产环节外包在运行过程中表现出激励弱化等突出问题（豆书龙和叶敬忠，2019），对此，诸多学者就如何运用激励型政策助推外包行为展开分析，张宗毅和杜志雄（2018）证实了补贴工具在市场发育程度较低时对于家庭农场生产性服务选择的促进作用，焦芳芳和刘启明（2020）、韩青等（2021）一致认为对关键生产环节进行补贴可以有效提升土地托管的参与行为。此外，也有学者着眼于引导型政策对农业生产环节外包的影响，如王定祥和李虹（2016）认为政府制定诱导性政策能够强化市场机制在农业服务体系中的决定性作用。段培等（2017）研究发现政府技术培训对于农户采纳追肥环节外包服务具有促进作用，但对于播种环节的外包服务具有抑制作用。

第三，聚焦病虫害防治外包，众多学者通过实证研究验证了农户参与社会化服务对于农药减量行为的积极作用（应瑞瑶和徐斌，2017；Sun 等，2018；闫阿倩等，2021；石志恒和符越，2022；郑纪刚和张日新，2022），并根据各自的主题提出促进农户采纳病虫害防治外包的政策建议。例如：应瑞瑶和徐斌（2017）强调要加强对种植专业户在病虫害防治方面的培训和引导；Sun 等（2018）建议应对规模大户提供激励政策，还强调要确保政府相关补贴转移至农户而不是外包组织。然而已有文献的立意甚少涉及政府及相关政策对于病虫害防治外包的作用机制。段培等（2017）仅在探究技术密集环节外包的影响因素时引入了"是否受到技术培训"这一变量，但结果表明政府提供的技术培训类引导政策对于农户采纳病虫害防治外包没有影响。郑思宁和赵家豪（2021）基于传统博弈分析框架，证实了政府介入有害生物风险防控体系能够有效降低各方主体的病虫害防控成本。此外，该研究发现补贴或惩罚手段可以规范外包组织形成市场行为。

五、文献述评

既有研究成果为本研究探寻病虫害防治外包影响效应及推广路径提供了丰富的理论参考与经验借鉴，但仍有如下的拓展空间。

第一，关于病虫害防治外包对农户家庭收入影响的研究述评。就研究内容而言，学术界不乏对农业生产环节外包经济效应的研究，但聚焦病虫害防治外包福利效应的分析仍较为罕见。部分学者在分析农业生产环节外包经济效应时就各个环节的外包增收效应进行剖析，试图挖掘病虫害防治外包的经济效应，但尚未取得一致性的结论。就研究视角而言，已有关于农业生产环节外包或病虫害防治外包经济效应的文献中往往注重探讨节本、增产，抑或增收等农业经济效益，鲜少从家庭收入结构变动视角展开分析，且缺乏对其内在影响机理的深入探讨，而针对外包行为对于不同收入水平农户的增收效应差异与作用趋势的研究则更为匮乏。就研究方法而言，既有研究往往忽视了自选择及内生性问题所引致的估计偏误，部分文献虽然就这一问题进行了实证策略调整，但对于选择性偏误问题的规避也仅限于可观测因素。

第二，关于病虫害防治外包对农户农药施用影响的研究述评。就研究内容而言，既有文献中聚焦病虫害防治外包对农户农药施用影响的分析依然较为罕见。部分文献虽然就这一问题展开探讨，但其用购买外包服务的环节数表示外包程度，忽略了各个环节的异质性。因而，影响程度有多大仍有待考究。就研究视角而言，已有关于农户农药施用的文献往往仅从绝对视角或相对视角中的一个层面展开研究。然而，绝对与相对是同一个事物既相互联系又相互区别的两重属性。鉴于我国农药利用率较低的现实状况，农药施用量减少并不必然导致农药施用不过量，因而有必要从绝对与相对双重视角审视这一问题。

第三，关于病虫害防治外包行为影响因素的研究述评。就研究内容而言，现有文献多探析农业生产环节外包行为的影响因素，而针对病虫害防治外包行为的研究相对匮乏。鉴于病虫害防治环节的特殊性，势必要单独考察其影响因素方能得到确切研究结论。就研究视角而言，尽管现有研究存在对交易成本层面的关注，但相关分析往往忽略了信息不对称下的"农户信任"问题。而本文基于交易成本与农户信任的全面视角展开分析，不仅有助于深度挖掘病虫害防治外包现实采纳率较低的成因，而且也能较大程度地弥补上述研究缺失。就研究方法而言，已有成果在剖析影响因素之余，甚少解析各项影响要素间的内在机理与发生机制。

第四，关于病虫害防治外包推广路径的研究述评。就研究内容而言，现有研究只有极少数文献同时考虑了多种政策的互补关系，而且关于病虫害防治外包的相关研究往往止步于空泛的政策建议，并未评估各类政策的作用效果。就研究视角而言，已有文献偏重于考察农户的行为反应，而容易忽略政府和外包组织在病虫害防治外包中的贡献，因而甚少有研究同时将政府、服务组织与农户纳入同一分析框架，所以有关病虫害现代防控体系的相关研究势必存在缺失。就研究方法而言，各博弈主体根据成本收益的动态调整不断完善自身策略，而传统的博弈研究忽视了这一动态过程，因而对于不同政策水平下各主体策略变动过程的描绘含糊不清。

第三节　研究目标与研究内容

一、研究目标

1. 总体目标

本研究的总体目标为：构建病虫害防治外包影响效应及推广路径的理

论分析框架，运用鲁、豫两个小麦主产省份552户小麦种植户的微观调研数据，重点评估小麦病虫害防治外包的经济效应与生态效应，即明确小麦病虫害防治外包对农户家庭收入及农户农药施用的影响，然后分析小麦种植户病虫害防治外包行为的影响因素，并基于演化博弈，分析各方主体在病虫害防治外包过程中的动态博弈关系及作用机制。最后结合研究结论提出相应的政策建议，以期为推进农业高质量发展、构建高效的病虫害防治外包政策体系提供政策参考。

2. 具体目标

具体而言，包括如下4个分目标。

第一，基于效用最大化目标，从农户家庭收入结构视角出发，分析病虫害防治外包对农户家庭收入及收入结构的影响，并明确其影响机制，最后围绕其对不同收入水平农户的增收效应展开异质性分析，评估病虫害防治外包的经济效应。

第二，基于资源环境约束，从绝对与相对双重视角出发，分析病虫害防治外包对农户农药施用强度和农药施用是否过量的影响，并通过群组差异性分析进一步考察其在不同特征农户之间的差异，评估病虫害防治外包的生态效应。

第三，基于交易成本与农户信任视角，分析小麦种植户病虫害防治外包的影响因素，并在此基础上进一步探讨不同影响因素之间的发生机制。

第四，基于有效防控主体视角，构建包含农户、服务组织及政府在内的病虫害防治三方博弈模型，并考察其动态关系及策略组合的均衡稳定性，进而探寻各主体在病虫害防治外包中的内生动力，最后仿真分析各行为主体在不同初始意愿及不同政策工具组合下的动态作用机制。

二、研究内容

基于研究目标，本研究聚焦小麦病虫害防治外包的影响效应与推广路径展开相关分析，包括如下4个研究内容。

第一，病虫害防治外包对农户家庭收入的影响——基于家庭收入结构视角。本部分在理论层面构建病虫害防治外包对农户家庭收入作用框架，利用鲁、豫两个小麦主产省份552户小麦种植户的微观调研数据，首先运用内生转换模型（ESR）纠正样本选择偏差与内生性问题，在反事实框架下评估病虫害防治外包对农户家庭收入的影响；其次，运用内生转换模型（ESR）进一步探讨病虫害防治外包对农户家庭收入结构中种植业净收入与纯工资性收入的影响差异；再次，运用普通最小二乘法（OLS）验证病虫害防治外包对农户家庭收入的影响机制；最后运用工具变量分位数回归模型（IVQR）对不同收入水平的农户群体的病虫害防治外包经济效应进行异质性分析。

第二，病虫害防治外包对农户农药施用的影响——基于绝对与相对双重视角。本部分在理论层面构建病虫害防治外包对农户农药施用作用框架，基于鲁、豫两省552户小麦种植户的一手调查数据，首先运用损害控制模型测算农户农药边际生产率，明确农户农药施用是否过量的发生情况；其次运用内生转换模型（ESR）和内生转换Probit模型（ESP）纠正样本选择偏差与内生性问题，从绝对视角与相对视角两个层面评估病虫害防治外包对农户农药施用强度及农药施用是否过量的影响；最后通过群组差异性分析进一步考察病虫害防治外包对农户农药施用的影响在不同特征农户之间的差异。

第三，病虫害防治外包行为的约束与动因——基于交易成本与农户信任视角。本部分在理论层面构建病虫害防治外包行为影响因素分析框架，基于鲁、豫两个小麦主产省份552户小麦种植户的微观调研数据，首先运用Logit模型探寻病虫害防治外包行为的制约因素和促进因素，然后通过ISM模型探讨各个影响因素间的关联与层次结构，从而进一步深入分析病虫害防治外包行为的发生机制。

第四，病虫害防治外包的推广路径研究——基于有效防控主体视角。本部分基于有效防控主体视角，运用演化博弈模型及数值仿真进行了如下研究：首先，构建包含农户、服务组织及政府在内的病虫害防治三方博弈模型；其次，考察博弈模型中各方主体的动态关系及策略组合的均衡稳定性，进而探寻各主体在病虫害防治外包中的内生动力；最后，借助Matlab2021a软件进行数值仿真分析，得出各方主体不同初始意愿以及不同政策工具组合对各行为主体的动态作用机制，深度揭示我国农业病虫害防治体系中多元利益主体决策行为的演变特征。

第四节 研究方法、技术路线与数据来源

一、研究方法

本书在构建病虫害防治外包影响效应及其推广路径理论分析框架的基础上，基于鲁、豫两省552份小麦种植户微观调研数据，运用内生转换模型（ESR）、普通最小二乘法（OLS）、工具变量分位数回归模型（IVQR）、损害控制模型、内生转换Probit模型（ESP）、倾向得分匹配法（PSM）、Logit模型、ISM模型、演化博弈模型、仿真分析等，首先基于效用最大化目标，从家庭收入结构视角入手分析病虫害防治外包的经济效应；其次从绝对视角与相对视角两个层面综合剖析病虫害防治外包的生态效应；接着从交易成本与农户信任视角深度挖掘病虫害防治外包现实采纳率较低的成因；最后基于有效防控主体视角构建包含农户、服务组织及政府在内的病虫害防治三方博弈模型，并探讨病虫害防治外包服务的推广路径。本研究实证章节中研究方法与研究内容的对应图如图1-1所示。

二、技术路线

本书围绕"发现问题—验证问题—解决问题"的逻辑主线，开展如下分析：第一，基于现实背景、政策背景及国内外相关研究，提出拟解决的科学问题，并梳理其研究目标、研究内容、研究方法等；第二，界定核心概念、梳理总结理论基础并构建分析框架；第三，从宏观与微观两个层面

研究方法	内生转换模型 普通最小二乘法 工具变量分位数 回归模型	损害控制模型 C-D生产函数模型 内生转换模型 内生转换Probit模型 倾向得分匹配法	Logit模型 ISM模型	演化博弈模型 仿真分析
研究内容	病虫害防治外包对农户家庭收入的影响	病虫害防治外包对农户农药施用的影响	病虫害防治外包行为的约束与动因	病虫害防治外包的推广路径研究
	经济效应	生态效应	影响因素	推广路径

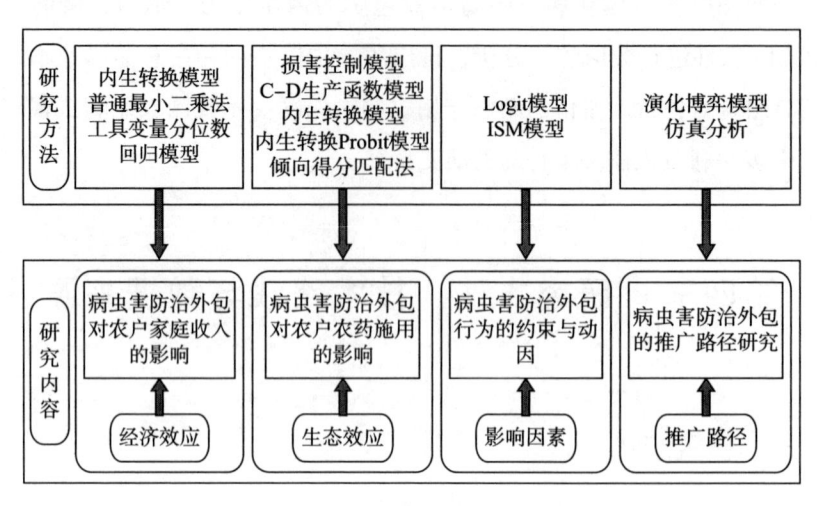

图 1-1　研究方法与研究内容对应图

出发，梳理并归纳病虫害防治外包的发展演变历程及产生原因，并分析调研区域内小麦种植户病虫害防治外包的发展现状；第四，基于效用最大化目标，从家庭收入结构视角出发分析病虫害防治外包的经济效应；第五，从绝对视角与相对视角两个层面综合剖析病虫害防治外包的生态效应；第六，从交易成本与农户信任视角深度挖掘病虫害防治外包行为的约束条件与动因；第七，基于有效防控主体视角构建包括农户、服务组织及政府在内的病虫害防治三方博弈模型，并探讨病虫害防治外包的推广路径；第八，归纳总结各个实证章节的研究结论，并结合研究结论提出相应的政策建议，最后就本研究的不足之处进行阐述并提出研究展望。技术路线图如图 1-2 所示。

三、数据来源

本研究通过整理统计年鉴、查阅官方网站及实地调研等多种途径来收集数据资料，具体包括宏观统计数据与微观调研数据两方面。

第一章 导论

小麦病虫害防治外包的影响效应与推广路径研究

研究背景	小农户长期过量低效使用农药	病虫害防治抑制农户非农就业持续性与稳定性	农业生产性服务业促进现代农业发展	病虫害防治外包采纳率低

研究目标	探究病虫害防治外包行为的经济效应、生态效应及其影响因素与推广路径

研究内容：

理论分析：概念界定 + 理论基础（分工理论、农户行为理论、交易成本理论、委托代理理论、规模经营理论）→ 理论分析框架　——　文献分析法

发展演变与现状：发展演变历程 + 产生原因 + 调研样本现状（基本特征、病虫害防治外包行为、病虫害防治外包与农户家庭收入、病虫害防治外包情况与农户农药施用）　——　文献分析法、统计分析法

经济效应：病虫害防治外包对农户家庭收入的影响
- 理论推导 → 实证分析
  - 对农户家庭纯收入的影响
  - 对农户家庭收入结构的影响
  - 对农户家庭收入影响的内在机制
  - 异质性分析

方法：内生转换模型、普通最小二乘法、工具变量分位数回归模型

生态效应：病虫害防治外包对农户农药施用的影响
- 理论推导 → 实证分析
  - 农药边际生产率测算
  - 对农户农药施用强度的影响
  - 对农户农药过量施用行为的影响
  - 异质性分析

方法：损害控制模型、C-D生产函数模型、内生转换模型、内生转换Probit模型、倾向得分匹配法

影响因素：病虫害防治外包行为的约束与动因
- 理论推导 → 实证分析
  - 病虫害防治外包行为的影响因素
  - 影响因素的层级结构分析

方法：Logit模型、ISM模型

推广路径：病虫害防治外包的推广路径
- 理论推导 → 实证分析
  - 感言博弈主体策略演化分析
  - 数值仿真分析

方法：演化博弈模型、仿真分析

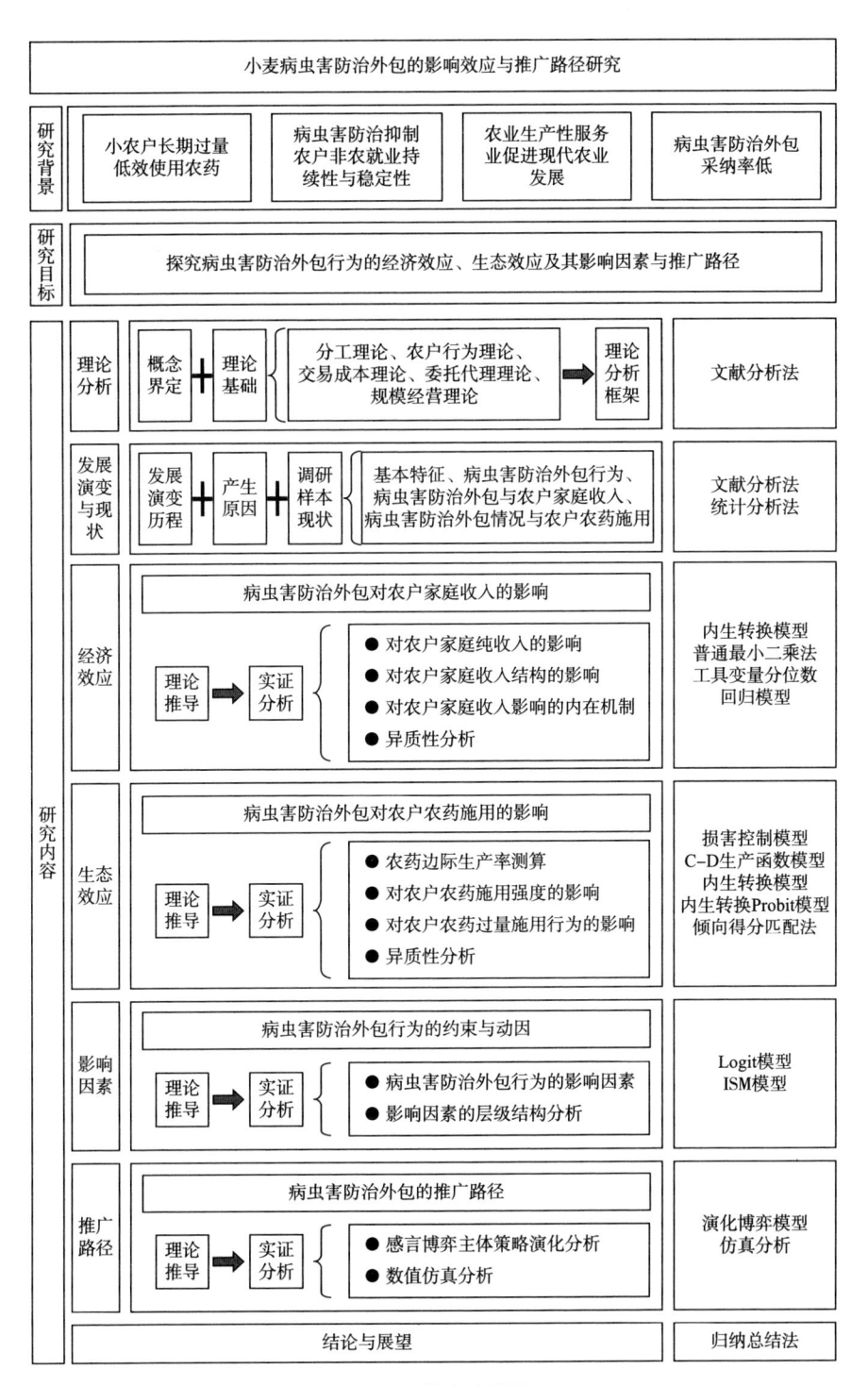

结论与展望　——　归纳总结法

图1-2　技术路线图

1. 宏观统计数据

本研究在阐述研究背景及病虫害防治外包的演变进程时涉及诸多宏观数据，如粮食产量、农药利用率、机械化程度等。这些数据一部分来源于统计年鉴，具体包括《中国统计年鉴》《中国农村统计年鉴》等；另一部分来源于官方网站，包括中华人民共和国农业农村部官方网站、中国国家统计局官方网站等。具体的指标与出处在各章节中均有详细标注与说明。

2. 微观调研数据

本研究微观调研数据来源于课题组于2022年6—8月对山东省济南市、德州市、聊城市及河南省驻马店市、周口市、南阳市共计2省6市小麦种植户的问卷调查。

此次调研采取分层抽样和随机抽样相结合的方法，具体抽样过程为：在每个省份选取3个代表不同经济发展水平的地级市，每个地级市随机选取两个县（市、区），每个县随机选取两个乡镇（街道），每个乡镇随机选取两个村，最后在各村随机选取12—14户农户进行一对一调研访谈。本次农户调查共发放问卷596份，在剔除遗漏关键变量、前后矛盾的问卷后，最终得到有效问卷552份，问卷有效率为92.62%。调研内容主要包括种植户信息及家庭成员特征、农业生产经营情况、小麦生产环节外包情况、家庭收支情况、绿色生产行为、社会网络及信息获取能力等。

第五节 可能的创新之处

本研究在既有文献的基础之上构建理论分析框架，考察病虫害防治外包的经济效应、生态效应，并进一步探讨其影响因素与推广路径，同时建立计量模型进行实证支撑，可能的创新之处主要体现在以下几个方面。

对研究内容而言，本研究充分考虑环节异质性，单独有针对性地考察病虫害防治外包的影响效应与推广路径。而在影响效应的分析中则从经济效应和生态效应两个层面，对病虫害防治外包的影响效应做出更为全面综合的评判。

对研究方法而言，本研究在探讨病虫害防治外包的影响效应时对可观测因素和不可观测因素所引起的选择性偏误问题进行了综合处理。通常而言，农户采纳病虫害防治外包服务的行为决策不是随机确定的，而是具有个体异质性和农户自选择的结果，可能存在选择性偏误。既有研究通常采用非参数倾向得分匹配法来解决这类由个体差异所引致的选择性偏误问题。然而，倾向得分匹配法只控制了由可观测因素所造成的选择性偏误，却忽视了不可观测因素所带来的影响，从而造成"隐性偏差"。另外，倾向得分匹配法不能解决由反向因果带来的内生性问题。而本文所采用的内生转换模型（ESR）和内生转换 Probit 模型（ESP）能够综合处理由可观测因素和不可观测因素所引起的选择性偏误，并分别估计处理组和控制组的结果方程，从而能够更好地识别出各种影响因素的差别化影响。此外，内生转换模型（ESR）和内生转换 Probit 模型（ESP）使用全信息极大似然估计，能够较好地避免信息遗漏问题。

第二章　理论基础与分析框架

作为生产性服务业的关键环节，农业病虫害防治外包的推广发展备受关注。本章围绕研究目标，首先对核心概念进行界定，然后在此基础上对基础理论进行梳理总结并结合研究内容进行阐述，构建本研究的理论分析框架，为后续实证章节的开展奠定基础。

第一节　核心概念界定

此项研究对病虫害防治外包、农户家庭收入、农户农药施用进行界定。

一、病虫害防治外包

本研究借鉴应瑞瑶和徐斌（2014）、Sun et al.（2018）、孙顶强和邢钰杰（2022）的做法，采用虚拟变量量化分析病虫害防治外包行为决策。即将其界定为：在2021年小麦生产过程中，农户是否采纳病虫害防治外包服务。若采纳则赋值为1，否则赋值为0。

二、农户家庭收入

本书在探讨病虫害防治外包的经济效应时，借鉴梁虎等（2017）、许恒周等（2020）的研究成果，将农户家庭人均纯收入作为被解释变量。农户家庭人均纯收入由种植业经营性收入、畜牧渔业经营性收入、非农自营产业收入、工资性收入、财产性收入与转移性收入之和扣除经营性成本后除以家庭人口数所得。此外，考虑到农户"半工半耕"生计模式下收入结构的主要构成，在进一步探讨病虫害防治外包对农户家庭收入结构的影响时，引入农户家庭人均种植业净收入和农户家庭人均纯工资性收入为被解释变量。家庭人均种植业净收入由种植业经营性收入扣除种植业经营成本再除以家庭人口数所得。而农户家庭人均纯工资性收入则由家庭工资性收入除以家庭人口数所得。选取各项人均收入水平作为核算标准，主要是因为相较于家庭总体指标来说，家庭人均指标能够有效规避不同家庭规模带来的计量误差（宋英杰，2010）。

三、农户农药施用

本研究从绝对视角与相对视角两个层面评估病虫害防治外包对农户农药施用的影响。绝对视角中，借鉴陈欢等（2017）、张倩等（2019）的研究，将农药施用强度作为被解释变量，并将其界定为2021年小麦种植过程中的亩均农药投入成本（元/亩）。相对视角中，借鉴朱淀等（2014）、李昊等（2017）、姜健等（2017）、秦诗乐和吕新业（2020）的研究，将农药施用是否过量作为被解释变量，该变量为二元变量，由损害控制模型测算得出，若农户过量施用农药则赋值为1，否则赋值为0。

第二节 理论基础

分析小麦病虫害防治外包的影响效应及推广路径时所涉及的理论基础包括分工理论、农户行为理论、交易成本理论、委托代理理论与规模经济理论。文章研究内容与理论基础的对应关系如图2-1所示。

一、分工理论

1776年，亚当·斯密在《国富论》中首次提出劳动分工，并提出市场

```
┌─────┬──────────┬──────────┬──────────┬──────────┐
│理论 │ 分工理论 │ 分工理论 │ 分工理论 │ 分工理论 │
│基础 │农户行为理论│农户行为理论│农户行为理论│农户行为理论│
│     │规模经济理论│规模经济理论│交易成本理论│交易成本理论│
│     │          │          │委托代理理论│委托代理理论│
│     │          │          │          │规模经济理论│
└─────┴─────┬────┴────┬─────┴────┬─────┴────┬─────┘
            ↓         ↓          ↓          ↓
┌─────┬──────────┬──────────┬──────────┬──────────┐
│研究 │病虫害防治外包│病虫害防治外包│病虫害防治外包│病虫害防治外包│
│内容 │对农户家庭收入│对农户施药的│行为的约束与动│的推广路径研究│
│     │的影响    │影响      │因        │          │
└─────┴─────┬────┴────┬─────┴────┬─────┴────┬─────┘
            ↑         ↑          ↑          ↑
         经济效应   生态效应   影响因素   推广路径
```

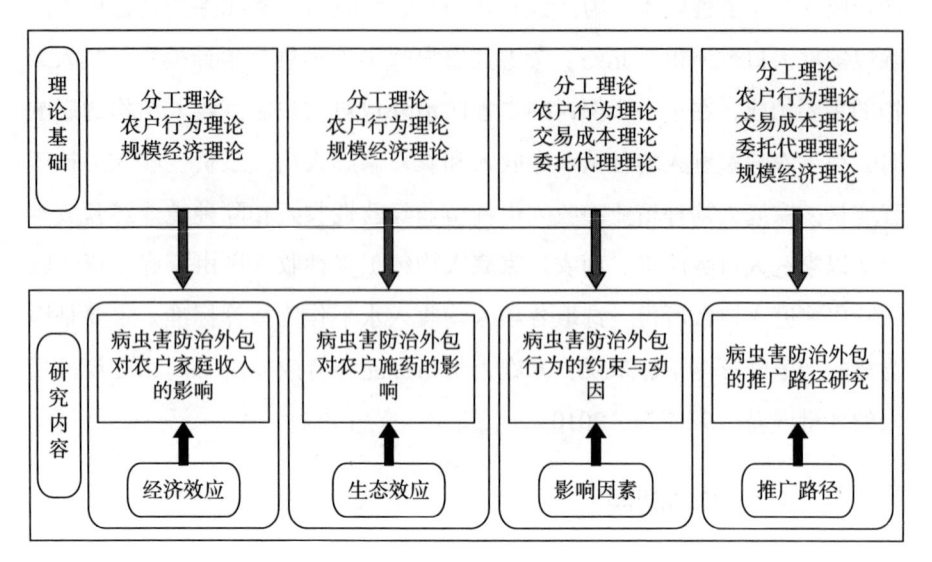

图 2-1　研究内容与理论基础的对应关系

规模决定了分工程度,而分工与专业化程度的加强有助于提高劳动生产率、增进国民经济。亚当·斯密的分工思想打破了传统思维,自此学术界就劳动分工与经济增长的作用机制进行拓展。其中阿林·杨格在亚当·斯密分工理论的基础上扩展出"杨格定理",这一定理表明劳动分工是决定市场规模的重要因素,而与此同时市场规模也是决定劳动分工的重要因素(Young,1928)。基于农业生产的特征与特殊性,亚当·斯密提出"斯密猜想",他认为农业分工具有有限性,这为解释制造业劳动生产率远远高于农业劳动生产率的现象提供了启发。

借助病虫害服务外包能够规范农药施用、破解农药过量施用难题(应瑞瑶和徐斌,2017;郑纪刚和张日新,2022)。因而,病虫害防治外包已成为当前受损耕地地力恢复、农业生态效益保障的有效方法。

二、农户行为理论

农户行为是指农户在日常的生活与生产过程中根据内部资源禀赋特征与外部约束条件所做出的行为决策或反应。当前,学术界就农户行为形成了以恰亚诺夫为代表的"组织生产学派"、以舒尔茨为代表的"理性小农学派"以及以黄宗智为代表的"历史学派"三个派别,其中"理性小农学派"的观点符合当前中国小农户的发展现状。而基于此理性人假设,学者们提出了利润最大化理论、风险规避理论、劳苦规避理论、劳动消费均衡理论、农业家庭理论等众多农户行为理论。舒尔茨在《改造传统农业》中提出传统农业中的农户是理性的经济人,他们会根据要素或产品价格变化做出相应的行为决策,从而追求利润最大化(舒尔茨,1964)。

本书用农户行为理论来解释小麦种植户病虫害防治外包行为的发生过程。病虫害防治外包不仅能将先进的技术及现代化植保器械引入小农生产,同时有助于释放农业富余劳动力,拓宽农户家庭的就业途径与增收渠道。伴随中国农村青壮年劳动力不断外流,农民的工资性收入已超越经营性收入,在家庭收入结构中占据重要地位(姜长云等,2021)。因而作为理性经济人,农户在既定家庭资源禀赋约束下,基于家庭效用最大化目标,权衡利弊、优化配置劳动力这一有限资源,并据此做出最有效率的病虫害防治行为决策。

三、交易成本理论

交易成本理论由科斯在《企业的性质》一文中首次提出,并由威廉姆森发展而成。科斯解释了企业存在的原因、企业边界的界定、企业结构的形成以及企业如何成长等。威廉姆森(1985)认为在有限理性和机会主义行为假设下,资产专用性、交易频率与交易不确定性是决定交易费用的重要因素。资产专用性具有特定属性,意味着资产被束缚于特定用途,由物质资产专用性、地理资产专用性及人力资产专用性刻画,资产专用性越强,其"套牢锁定"作用越强,将其让渡后引致的沉没成本、机会成本也更高,从而产生更高的交易成本。交易频率可表征为经营规模、交易规模与组织规模所引发的交易频率,而交易不确定性主要是指由自然、技术及市场带来的不确定性。

在威廉姆森交易成本框架下,农户是否采纳病虫害防治外包主要取决于外包过程中所产生的交易成本,即农户会理性思考病虫害防治对于资产专用性的需求、交易频率的限制以及对自然、技术及市场不确定因素的可控性，若交易成本高于农户自行防治时的管理成本，农户则偏好于自行防治，否则农户会倾向于外包防治。

四、委托代理理论

委托代理理论探讨委托人与代理人之间的委托关系，而这种关系是建立在非对称信息下的博弈关系，且委托人与代理人之间的利益相悖。委托代理关系本质上是契约关系，即通过制定契约明晰委托方与代理方的责任与义务，委托方通过有偿形式获取代理方的相应行动。委托代理理论的核心任务是探讨在信息不对称与利益冲突的情境下，委托人如何设计最佳契约规则，从而激励代理人做出更优的行动方案。

病虫害防治外包的效果评估具有时滞性，因而农户对病虫害防治外包服务持谨慎态度（黄季焜等，2008）。显然，农户与服务组织间的病虫害防治外包交易是典型的委托代理问题，囿于信息不对称，即农户对于服务组织的从业资质、专业技能、服务态度等信息了解不足，无法判断信息不对称背后潜藏的风险，从而抉择困难。农户是施药决策者，在病虫害防治中对于生态效益的感知并不敏感，而感知经济效应对其施药行为的影响更为显著。因此，农户基于收益最大化的生产目标，会通过权衡经济效应来确定施药量及作业方式。而服务组织是病虫害防治外包的推广主体，面临着资产专用性及服务人员专业技术水平的约束。在外包过程中由于服务质量难以实时显现，因而服务组织在实际开展服务时为实现自身经营效益最大化目标容易产生"机会主义行为"。

五、规模经济理论

规模经济是指在特定时期与特定技术水平下，当在一定范围内生产某种产品时，随着产品绝对数量的增加，单位产品的生产成本不断减少。萨缪尔森对此作出解释，他认为在一定生产范围内固定成本基本不变，因而多生产一单位产品就能够分担一部分固定成本，从而实现规模经济。马歇尔将规模经济划分为内部规模经济与外部规模经济两种实现路径，其中内部规模经济的实现主要源于企业内部,而外部规模经济的实现则主要源于企业之间的联合、分工及布局等。

在农业病虫害防治环节中,小农户无法掌握专业的农药施用知识,难以把握病虫害防治的时间节点与要求(黄季焜等,2008),而防治组织不仅具备更强的要素信息采集与甄别能力(郑纪刚和张日新,2022),且拥有更为先进、专业的农药施用技术和器械(张忠军和易中懿,2015)。因而,病虫害防治环节外包后,小农户虽然仍然维持分散经营,但就服务组织而言可以通过横向规模连片服务实现服务规模经营。

第三节 分析框架

一、病虫害防治外包对农户家庭收入影响的分析框架

1. 病虫害防治外包对农户家庭收入、收入结构的影响及机制分析

本部分借鉴 Becker(1976)和 Benjamin(1992)的农户模型来构建病虫害防治外包对农户家庭收入及收入结构影响的理论分析框架。当前,在"半工半耕"生计模式下,农业经营性收入与工资性收入是农户家庭收入的重要组成部分(仇叶,2018)。因此,本章农户收入结构中只讨论农业经营性收入与非农工资性收入。另外,由于本章探讨小麦病虫害防治外包的增收效应,为便于分析,此处的农业经营性收入特指麦作农业经营性收入,而将其余的非麦作农业经营性收入归至非农工资性收入之中。在不考虑金融信贷、遗产继承及收入转移的情境下,有以下农户模型:

$$\begin{cases} MaxU = u(c, L_l) \\ s.t.\ c \leq Y = Y_a + Y_e \\ T = L_a + L_e + L_l \\ Y_a = P_a \times Q(A, L_a, O, K_r, F) - C(A, L_a, O, K_r, F) \\ Y_e = w \times L_e \end{cases} \quad (2-1)$$

式（2-1）中，U表示农户家庭效用，由农户在市场中的消费c与闲暇L_l共同实现。Y表示农户家庭收入，由农业经营性收入Y_a和非农工资性收入Y_e构成。农户家庭劳动力资源有限，其中从事农业生产与非农生产的劳动时间分别为L_a和L_e。P_a、Q和C分别表示农产品价格、产量及成本，其中产量Q和成本C是关于农业生产技术A、农业劳动时间L_a、病虫害防治外包O、农业资本投入K_r（不包括病虫害防治外包服务支出）及农户家庭特征F的函数。w表示非农就业工资水平，该值由市场决定，为严格外生变量。结合上述分析，农户家庭收入可表示为：

$$Y = P_a \times Q(A, L_a, O, K_r, F) - C(A, L_a, O, K_r, F) + w \times L_e \quad (2-2)$$

将农户家庭收入方程式（2-2）对病虫害防治外包O求偏导，则可得：

$$\frac{\partial Y}{\partial O} = P_a \times \frac{\partial Q}{\partial O} - \frac{\partial C}{\partial O} + w \times \frac{\partial L_e}{\partial O} \quad (2-3)$$

式（2-3）整体表征了病虫害防治外包对农户家庭收入的影响，其构成结构中涵盖了对收入结构的作用，其中$P_a \times \frac{\partial Q}{\partial O} - \frac{\partial C}{\partial O}$表征病虫害防治外包对农户农业经营性收入的影响，而$w \times \frac{\partial L_e}{\partial O}$表示病虫害防治外包对农户非农工资性收入的影响。

病虫害防治外包主要通过以下两条路径影响农户家庭收入（见图2-2）。一方面，病虫害防治外包的分工效应。病虫害防治外包不仅有助于节约农药成本、提高产品质量（黄季焜等，2008），还能够有效减少农业生产中的产量损失，从而有利于提高农业生产要素的利用效率（王志刚等，2011）。然而，病虫害防治外包需要支付一定的服务费用，这一部分费用的出现可能会削弱病虫害防治外包专业服务带来的潜在收益。因此，$P_a \times \frac{\partial Q}{\partial O} > 0$，而$\frac{\partial C}{\partial O}$的正负与大小不能确定，故而当$\left|P_a \times \frac{\partial Q}{\partial O}\right| > \left|\frac{\partial C}{\partial O}\right|$时，$P_a \times \frac{\partial Q}{\partial O} - \frac{\partial C}{\partial O}$为正，而当$\left|P_a \times \frac{\partial Q}{\partial O}\right| < \left|\frac{\partial C}{\partial O}\right|$时，$P_a \times \frac{\partial Q}{\partial O} - \frac{\partial C}{\partial O}$为负。另一方面，病虫害防治外包的替代效应。病虫害防治作业对劳动力需求紧迫，且具有劳动强度

大、时间节点多的特征，限制了农民从事远距离、长期稳定的非农就业。而病虫害防治外包能够产生较高的劳动释放效应，有助于释放农业富余劳动力，拓宽农户家庭的就业途径及增收渠道，则有 $w \times \frac{\partial L_e}{\partial O} > 0$。通常来说，非农工资水平高于农业收入，且随着农业产业结构的优化升级，农民的工资性收入已超越经营性收入（姜长云等，2021）。因而病虫害防治外包对于工资性收入的影响远远大于对农业收入的影响，即 $w \times \frac{\partial L_e}{\partial O} > P_a \times \frac{\partial Q}{\partial O} - \frac{\partial C}{\partial O}$，故有 $P_a \times \frac{\partial Q}{\partial O} - \frac{\partial C}{\partial O} + w \times \frac{\partial L_e}{\partial O} > 0$。因此，提出如下假说。

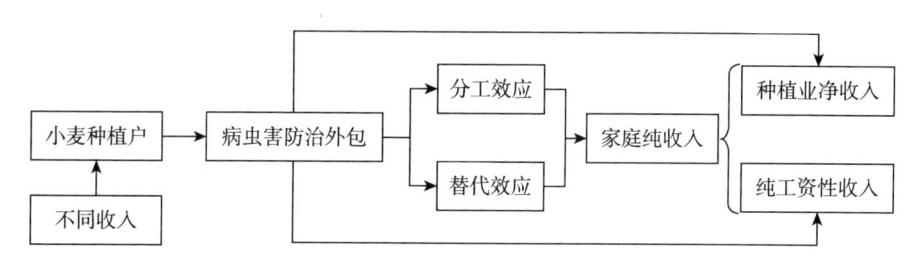

图 2-2 病虫害防治外包对农户家庭收入影响的分析框架

假说 2-1：病虫害防治外包对于农户家庭纯收入具有显著正向的促进作用。

假说 2-2a：当 $\left| P_a \times \frac{\partial Q}{\partial O} \right| > \left| \frac{\partial C}{\partial O} \right|$ 时，病虫害防治外包对于农户家庭种植业具有显著正向的促进作用，而当 $\left| P_a \times \frac{\partial Q}{\partial O} \right| < \left| \frac{\partial C}{\partial O} \right|$ 时，病虫害防治外包对于农户家庭种植业具有显著负向的抑制作用。

假说 2-2b：病虫害防治外包对于农户家庭纯工资性收入具有显著正向的促进作用。

假说 2-3a：病虫害防治外包通过专业分工提高了农户家庭收入。

假说 2-3b：病虫害防治外包通过资源配置提高了农户家庭收入。

2. 不同收入水平农户病虫害防治外包增收效应的异质性分析

农户家庭收入水平的高低是一个家庭人力禀赋、技术禀赋、要素禀赋的综合体现。通常来说，低收入家庭的人力资本较弱，劳动力配置效率更低，因此其技术水平及决策能力也相对较低，病虫害防治外包能够有效弥补低收入农户家庭的技术缺陷，同时更为显著地释放其家庭剩余劳动力，从而有效配置劳动力资源。因此，与高收入农户家庭相比较，这类群体更容易从劳动分工效应中获取更多的产能，并从资源配置效应中获得更高的边际收益，再加上低收入农户家庭的经济基础较弱，因而病虫害防治外包为其带来的增收效应在其家庭收入构成中占比相对较高。因此，提出如下假说：

假说2-4：病虫害防治外包对低收入农户家庭的增收效应高于高收入农户家庭。

二、病虫害防治外包对农户农药施用影响的分析框架

1. 构建损害控制生产函数

不同于种子、化肥等常规的生产性投入要素，农药作为现代农业投入要素之一，并不能直接影响农作物的产量，而是通过对农业病虫草害的预防、抑制和治疗来减少自然或人为因素造成的产量损失，在既有技术条件及投入水平下规避风险，保障农产品的最大产出。据此，参照Hall and Norgaar（1973）、Lichtenberg and Zilberman（1986）及Fox and Weersink（1995）的相关研究，本文将农药定义为损害控制投入，并将其引入小麦生产函数中，同时在C-D生产函数（Cobb-Douglas production function）的基础上引入损害控制分析框架，以此来分析施用农药对小麦产量的影响过程。

施用农药对小麦产量的影响可划分为两个阶段：第一阶段，农药通过其自身的药理作用对病虫草害的形成、发展和流行过程进行控制，从而减少病虫草害数量。假设在未使用农药控制的初始自然条件下病虫草害的数量为 Z_0，农药施用量为 T，且农药以 $C(T)$ 的形式对病虫草害的数量产生影响，假定 $\partial C(T)/\partial T > 0$，则病虫草害的数量控制函数 Z 可表示为：

$$Z = Z_0[1-C(T)] \tag{2-4}$$

由式（2-4）可知，当 $C(T)=0$ 时，$Z=Z_0$，这表明未施用农药时，病虫草害的数量未受到任何影响；而当 $C(T)=1$ 时，$Z=0$，这表明农药施用量足够大时，病虫草害被彻底消除。即未得到完全有效控制的病虫草害数量随着农药施用量的增加而单调递减。第二阶段，施用一定数量的农药后，未得到完全有效控制的病虫草害对小麦产量产生影响。假设小麦实际产量为 Q，$F(X)$ 为小麦不受病虫草害影响时的潜在产量，其中 X 表示除农药以外其他常规性生产要素的投入量，δ 表示病虫草害引起的产量损失比，即农药通过控制病虫草害的数量影响潜在产量的范围。本书不失一般性地以 $D(Z)$ 函数形式模拟病虫草害对小麦产量造成的影响，这一影响随着病虫草害数量的增加而增加，因而假定 $\partial D(Z)/\partial Z>0$，则损失函数可表示为：

$$Q = (1-\delta)F(X) + \delta F(X)[1-D(Z)] \tag{2-5}$$

由式（2-5）可知，当病虫草害数量为 0 时，$D(Z)=0$，此时 $Q=F(X)$，小麦产量达到潜在最大值。而当病虫草害数量足够大时，$D(Z)=1$，此时 $Q=(1-\delta)F(X)$，病虫草害对小麦产量造成了 δ 比例的潜在完全损失，此时小麦产量为最低水平。将式（2-4）代入式（2-5），则可得：

$$Q = (1-\delta)F(X) + \delta F(X)\{1-D[Z_0(1-C(T))]\} \tag{2-6}$$

式（2-6）则为考虑农药投入要素的损害控制生产函数。实际研究中，通常 $G(T)=1-D[Z_0(1-C(T))]$，是一个不失一般性的消减函数，通常有如下四种分布形式（Talpaz and Borosh，1974；Lichtenberg and Zilberman，1986）。

帕累托分布（Pareto）：

$$G(T) = 1 - K^{\lambda}T^{-\lambda} \tag{2-7}$$

指数分布（Exponential）：

$$G(T) = 1 - e^{-\alpha T} \tag{2-8}$$

逻辑分布（Logistic）：

$$G(T) = [1+e^{(\mu-\sigma T)}]^{-1} \tag{2-9}$$

威布尔分布（Weibull）：

$$G(T) = 1 - e^{-T^{\gamma}} \tag{2-10}$$

2. 求解最优农药施用量

假定小麦单价为 p，农药单价为 r，其余要素的单价为 w_n，则农户种植小麦的利润 π 可表示为：

$$\begin{aligned}\pi &= pQ - \sum w_n X_n - r \\ &= p[(1-\delta)F(X) + \delta F(X)G(T)] - \sum w_n X_n - rT\end{aligned} \tag{2-11}$$

值得注意的是，不同农户关于农药抑制病虫草害并对小麦产量产生影响的认知存在一定差异。因此，为使模型更符合常理，将 $C(T)$ 改为 $C_i(T)$，δ 改为 δ_i。则式（2-11）可调整为：

$$\begin{aligned}\pi &= pQ - \sum w_n X_n - rT \\ &= p[(1-\delta_i)F(X) + \delta_i F(X)G_i(T)] - \sum w_n X_n - rT\end{aligned} \tag{2-12}$$

在进一步求解最优农药施用量 T^* 时，假定 $G_i(T)$ 为式（2-8）所示的指数分布形式，其中 α 表示农户对农药施用效果的认知水平，为突出不同农户的异质性认知，将 α 改为 α_i。将式（2-8）代入式（2-12），并对 T 求偏导，求得最优农药施用量 T^* 为：

$$T^* = \{\ln[\delta_i \alpha_i p F(X)] - \ln(r)\}/\alpha_i \tag{2-13}$$

由式（2-13）可得，小麦种植户的最优农药施用量 T^* 与病虫草害引起的产量损失比 δ_i 及小麦单价 p 成正比，而与农药单价 r 及农药施用效果的认知水平 α_i 成反比。但通常而言，小麦单价 p 与农药单价 r 为外生变量，因而影响病虫草害引起的产量损失比 δ_i 和农药施用效果认知水平 α_i 的因素均直接影响小麦种植户的最优农药施用量 T^*。

3. 病虫害防治外包影响农户农药施用的实现机理

（1）分散农户过量施用农药的内在因素分析

我国小农户滥用农药现象普遍，原因如下：一方面，在分散经营的状态下，受限于个体意识与能力，小农户无法准确掌握专业的农药施用知识（黄季焜等，2008），难以做到适时适量对症施药；另一方面，伴随着农民大量外出务工，农业劳动力结构性失衡已对"不违农时"产生了不利影响

（纪月清等，2015），非农就业耽误了病虫害的最佳防治时间（陈品等，2018），导致病虫害在空间中不断流动并反复侵害农作物。以上两个因素使得农户不断质疑农药的防治效果，加上农户意识到病虫草害引起的产量损失变得更为严重，即 α_i 下降与 δ_i 提升，他们又反过来不断增加农药施用量。

（2）外包组织规范施用农药的潜在优势分析

病虫害防治外包服务能够规范施药行为（应瑞瑶和徐斌，2017；郑纪刚和张日新，2022），有助于提升农药利用率及病虫害防治效果，使农户感知到病虫草害引起的产量损失在逐渐降低且农药的防治效果不断提升，即 δ_i 减小与 α_i 增大，从而在保证农作物产出的基础上有效减少农药施用量。更进一步，农药边际生产率随之提升，也有助于减少农药过量施用的现象。为此，提出如下研究假说。

假说 2-5：病虫害防治外包能够有效降低农户的农药施用强度。

假说 2-6：病虫害防治外包能够有效降低农户过量施用农药的可能性。

图 2-3 为病虫害防治外包对农户农药施用影响的分析框架。

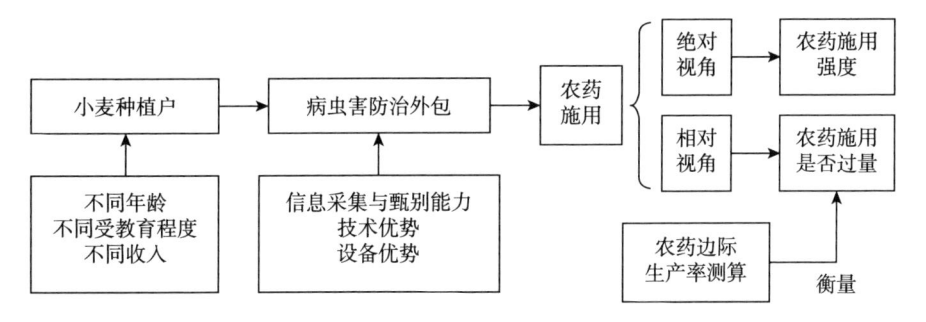

图 2-3 病虫害防治外包对农户农药施用影响的分析框架

三、病虫害防治外包行为约束与动因的分析框架

1. 交易成本与病虫害防治外包行为

交易频率。本书将交易频率表征为经营规模、交易规模与组织规模所引发的交易频率。经营规模越大，家庭内部劳动力配置利用的难度越大，

越能促进农户采纳病虫害防治外包;交易规模反映了病虫害防治的反复频率,交易规模越大越易于滋生交易费用与机会主义行为,从而阻碍农户的外包行为选择;若农户参与了合作组织,不仅可以获取有效信息,还具有交易谈判优势,有助于其采纳病虫害防治外包服务。

交易不确定性。农业病虫害防治面临着由自然、技术及市场带来的不确定性。自然不确定性具有随机特征,为规避风险,农户倾向于将其转移,因此自然不确定性有助于农户采纳外包服务;而技术与市场的不确定性则会因信息不对称引发机会主义行为,增加农户的监督难度与服务组织的道德风险,农户为了降低不确定性而倾向于自行防治。

2. 农户信任与病虫害防治外包行为

社会信任渗透于农户日常交流所塑造的意识及观念中,而交易信任却是农户在信息不对称情境下规避防治风险的基础。

社会信任。社会信任反映了人与人之间交往的关系和性质,存在于农户与社会群体间"交际—回馈"动态反馈产生的信任链中,是对人际关系未来行动预期的肯定。社会信任能够提高信息交流共享程度（Granovetter,1985）,实现农户获取信息的多样性、准确性与翔实性,从而有效避免农户与服务组织之间信息不对称的发生,进而促使农户采纳病虫害防治外包。

交易信任。在依赖性强、稳定性高的农村熟人交往模式中,本村服务供给方与农户之间构成的委托代理关系是基于人情或利益之上的"去陌生化"过程,其中涵盖了农村社会关系中独有的乡土人情。相较于陌生服务组织,以农村熟人社会网络为基础所建立的这种交易信任,一方面方便了农户获取相关信息,另一方面能够保证农户对服务组织进行责任追溯与行为约束（王全忠等,2022）,从而降低风险预期,促进农户采纳外包服务。

图 2-4 为病虫害防治外包行为约束与动因的分析框架。

四、病虫害防治外包推广路径的分析框架

病虫害防治涉及农户、服务组织及政府三方主体,各利益相关者之间形成了如图 2-5 所示的关系。政府在规制农户使用化学投入要素的进程中

第二章 理论基础与分析框架

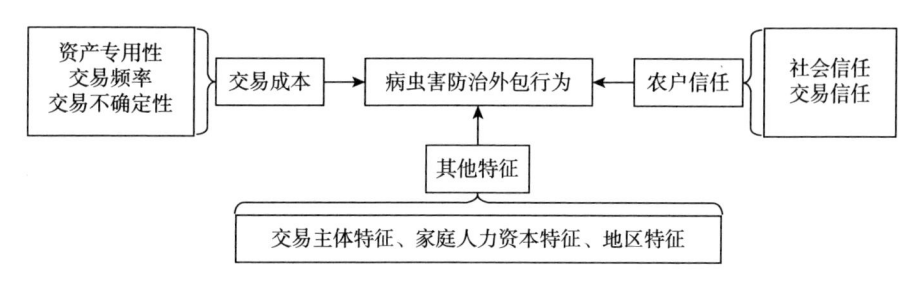

图 2-4 病虫害防治外包行为约束与动因的分析框架

扮演着至关重要的作用（Hruska，1990），为保障农产品质量安全、保护生态环境，政府实施了多项政策用于推进病虫害防治外包。因此，要想充分厘清政策调控在农业病虫害防治外包进程中的职责与作用，就要在政府介入视角下明确病虫害防治外包体系的运行状况并对之进行深入的探究与分析。

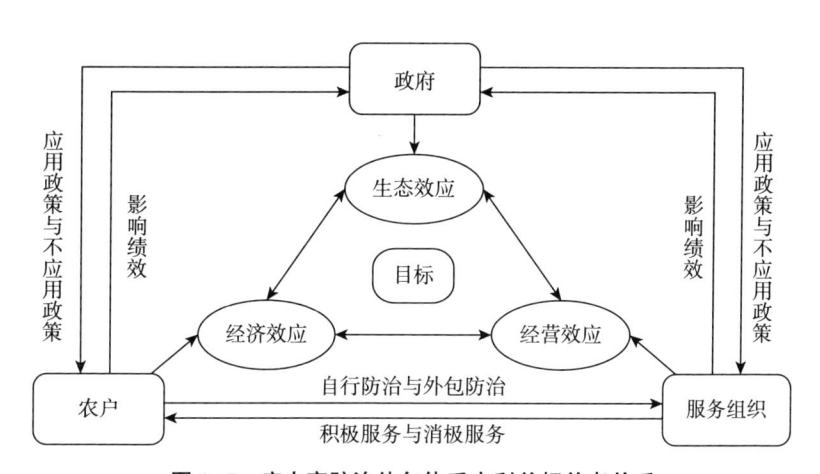

图 2-5 病虫害防治外包体系中利益相关者关系

规制的本质属性是它的"约束性"（赵玉民等，2009），根据赵玉民等（2009）、王建华等（2015）、黄祖辉等（2016）的相关研究，并结合当前中国政府农业农村主管部门在病虫害防治外包工作中实施政策举措的实际情况，按照政策工具的影响路径及机理，设定政府就病虫害防治外包共实施如下三类政策工具，政策工具规制病虫害防治外包的路径及机理如

图 2-6 所示。

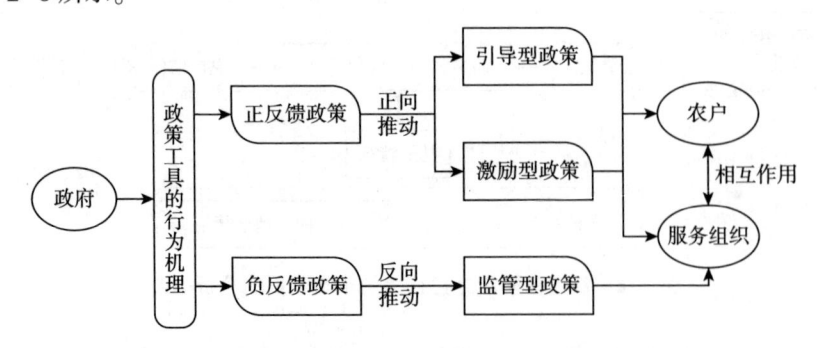

图 2-6 政策工具规制病虫害防治外包的路径及机理

第一种为引导型政策。这类政策可以有效传递信息，通过引导，提高农户与服务组织对病虫害防治外包的认知水平和参与意识。政府通过实施引导型政策向外包组织和农户提供有关病虫害防治外包的技术指导培训与宣传教育活动等，服务组织和农户从中获得生产认知、掌握生产技术，从而在后续的生产中提高生产效率及收益。2020年国务院公布了《农作物病虫害防治条例》，其中要求县级以上相关部门为病虫害防治服务组织提供技术指导与培训。

第二种为激励型政策。农户采纳服务组织提供的病虫害防治服务可以带来环境效应并被他人共享。经济学家遵循庇古传统，主张政府介入并对其发放补贴进行干预，以此改变行为主体生产要素之间的相对价格使其产生收入效应，从而内部化环境改善所带来的正外部效应（庇古，2007；Jayne等，2013）。这类政策实施的目的在于以市场为基础激励组织与农户朝政府所倡导的方向努力并转变其选择行为。若服务组织提供积极的病虫害防治外包服务，则组织需要添置更为专业的设备与机械、配备素质更高的服务人员并在服务时投入更多的时间与精力，政府对于组织的积极防治服务给予相应补贴。若农户采纳病虫害防治外包服务，则政府对于农户的外包防治态度进行激励，向农户提供相应服务补贴或农药补贴。2017年国家出台农业生产托管补贴政策，意在通过补贴，补齐农业生产托管的短板；还要求补助标准不能干扰服务市场的价格机制，所以原则上补贴比例不超过30%（韩青等，2021）。

第三种为监管型政策。这类政策通过强制性手段命令或规制主体的不规范行为。在分散经营的状态下，中国小农户数量众多，农户施药所导致的面源污染具有隐蔽性和排放分散性特征，政府对其实施管控难度大、成本高（于艳丽等，2019）。因此，考虑到现实情况，本书监管型政策仅用于管理和制约服务组织的消极服务行为。当服务组织提供消极服务时，政府向其收取罚金，通过增加组织的服务成本抑制其消极服务行为，反向推动组织提供积极有效的服务。然而，在政府监管过程中，一方面服务组织的消极服务不易观察，无效服务的信息不易被及时有效获取；另一方面，出于经济绩效考察的考虑，村级负责人会忽视或袒护服务组织的消极服务行为。因此，服务组织消极防控服务被监管并罚款属于不确定性事件。

第三章　病虫害防治外包的发展演变与现状分析

延续第二章中理论基础与分析框架的构建，本章首先从宏观层面出发，厘清病虫害防治外包的发展演变历程及其产生的原因。然后，基于课题组在 2022 年 6—8 月对鲁、豫两省小麦种植户调研的一手数据，从微观层面多维度梳理并归纳小麦种植户病虫害防治外包的发展现状。

第一节　农业病虫害防治外包的发展演变历程

一、病虫害防治外包的初探阶段：20 世纪 80 年代末

1981 年家庭联产承包责任制在中国农村大范围、大规模推行，自此由人民公社所承担的病虫害社队防治模式结束了，取而代之的是小农户分散且独立的自行防治模式。当时，保障粮食数量安全是国家的重中之重，而农作物病虫害防治是农业生产过程中技术含量最高、风险控制难度最大的环节，因此保证农作物的植保效果尤为重要。从 1979 年起我国开始设立农技推广部门，1983 年国家多个部门共同发布了《关于积极扶持发展植保公司的联合通知》，病虫害防治外包开始进入初步探索阶段。然而，当时农户农业生产规模小且以农业经营为主，家庭内部劳动力充裕，农户选择病虫害自行防治的意愿更为强烈。植保服务组织面临防治面积小、服务需求少的困境，难以形成病虫害防治外包发展体系（陈欢，2018；王鹏程，2022）。

二、病虫害防治外包的停滞阶段：20世纪80年代末到2000年

20世纪80年代末，国家恢复了农技推广体系，1990年我国农技推广机构已达到5.6万个（宋洪远，2008）。县乡两级农技员在农作物病虫害发生期向农户进行植保宣传并推广防治方案，由农户自行购药并自主施药。1991年，国务院发布《关于加强农业社会化服务体系建设的通知》，随后农业耕、种、收等劳动密集环节的农机跨区域服务应运而生，并呈现出快速发展态势（申红芳，2014；赵培芳，2021）。但由于农户农业经营规模小且土地细碎化程度高，因而农户在农作物病虫害防治环节只能使用手动或半自动打药机进行自防自治（陈欢，2018；王鹏程，2022）。

三、病虫害防治外包的萌发阶段：2001年到2007年

2001年中国加入世贸组织后，国家相关部门相继出台一系列政策鼓励农村劳动力转移，农村非农就业人数迅速提升。在"半工半耕"的生计模式下，农户萌发了对病虫害防治外包的需求。然而，病虫害防治外包仍在初步发展时期，其标准化程度较低、监管成本较高（石弘华和杨英，2005；邢钰杰，2021），因此部分劳动力紧缺的农户家庭会请亲友或同村农户代替其完成农作物的病虫害防治工作（陈欢，2018）。

四、病虫害防治外包的迅速发展阶段：2008年至今

2008年中国农村土地的流转进程陡然加快（杜志雄和肖卫东，2019），为病虫害防治外包的迅速发展创造了基础条件。随着农村居民收入水平的增加，其生活水平同步提升，对身体健康的保护意识也越来越强，因而农户对病虫害防治外包产生了愈发强烈的需求。当需求发展到一定程度，农业种植大户、农民合作社、专业服务组织等经营主体竞相开展农业病虫害防治外包服务。为了保障农产品质量安全、保护生态环境，政府实施了多项政策用于推进病虫害防治外包工作，目前我国已初步形成了以"人才队伍专业化""物质装备现代化""防控服务社会化"为特征的病虫害防治

外包体系。

第二节 病虫害防治外包产生的原因

一、农业劳动力面临结构性短缺

改革开放以来,中国"三农"领域发生了深刻变化,其中农村劳动力非农化转移是重要变化之一。如图3-1所示的全国乡村就业人员的相关情况,可以发现:1978年乡村就业人员数和第一产业就业人员数分别为3.0638亿人和2.8318亿人,其中第一产业就业比重为92.43%;而2021年乡村就业人员数和第一产业就业人员数分别为2.7879亿人和1.7072亿人,其中第一产业就业比重为61.24%,乡村就业人员中第一产业就业比重不断下滑。另外,全国人口普查数据显示,2010年乡村从事农业生产的人员,女性占47.30%。而2011年第六次全国人口普查数据显示,中国农村60岁以上人口占农村总人口比例为14.98%,比第五次全国人口普查相应比例高3.78%。综上表明,农业生产面临劳动力短缺化、老龄化、女性化问题,表现在留守劳动力数量不足与劳动技能不足两个方面。如留守劳动力科技知识素质欠缺,缺乏必要的病虫害防治技能。

二、农业人工成本居高不下

随着农村劳动力转移,农业人工成本居高不下,尤其在农忙时节农业雇工价格高的现象则更为突出。如图3-2所示的中国小麦亩均成本的构成,可以发现:伴随机械化水平的提升,近5年来小麦生产过程中人工成本占比虽略有下降,但仍占较高比重,呈现居高不下的态势,因此农民用机械代替人工进行农业生产的要求越来越迫切,从而促进了农业生产环节外包的发展。显然,与技术密集型环节相比,农户对耕、种、收等劳动密集型环节的机械化诉求更高,但高昂的人工成本为病虫害防治外包的推广

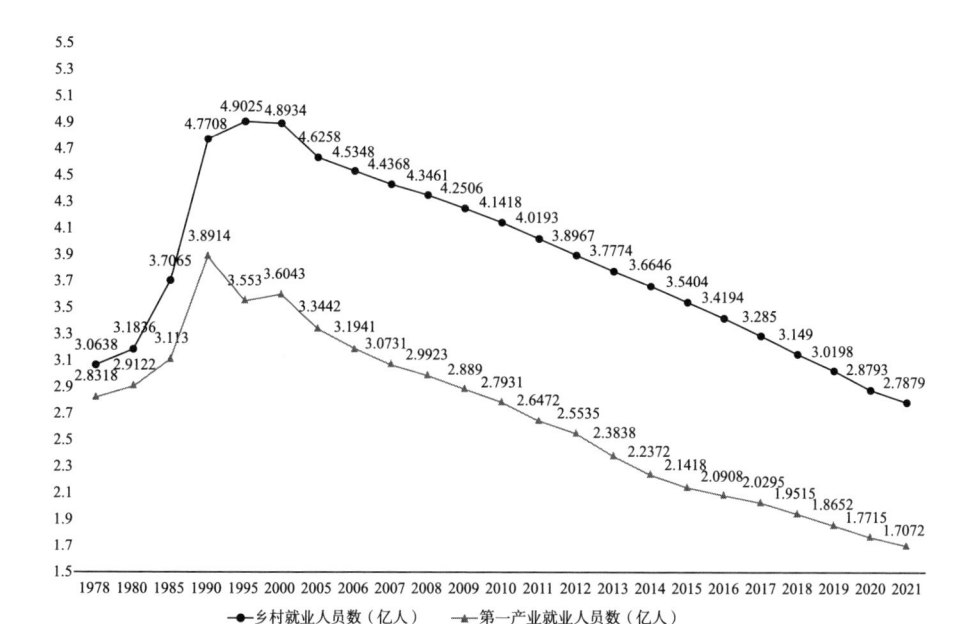

第三章　病虫害防治外包的发展演变与现状分析

数据来源：国家统计局农村社会经济调查司.中国农村统计年鉴：2022［M］.北京：中国统计出版社，2022.

图 3-1　全国乡村就业人员相关情况

与发展创造了充足的利润空间，农民对于机械替代人工的诉求也正由劳动密集型环节逐步转向技术密集型环节。

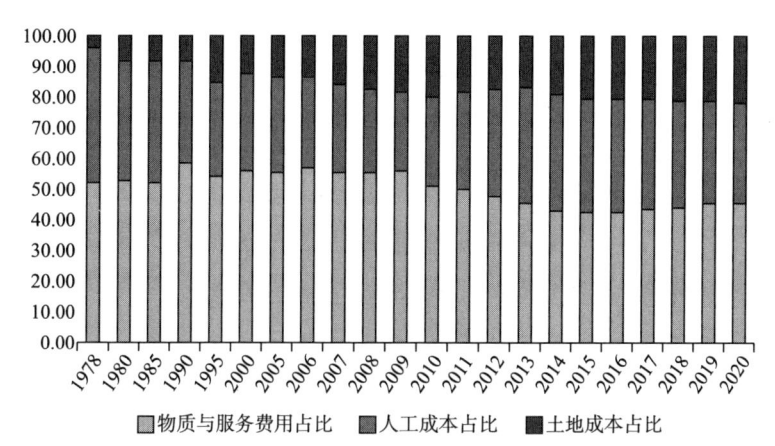

数据来源：国家发展和改革委员会价格司.全国农产品成本收益资料汇编—2021［M］.北京：中国统计出版社，2021.

图 3-2　中国小麦亩均成本的构成

三、农户不规范施药行为广泛存在

中国农药使用量情况如图 3-3 所示，全国农药使用量在 2015 年之前呈持续上升的态势。随后，经过各级政府的共同努力，虽然农药使用量在 2015 年之后有所下降，但农药过量低效施用的状况仍未从根本上得到遏制。

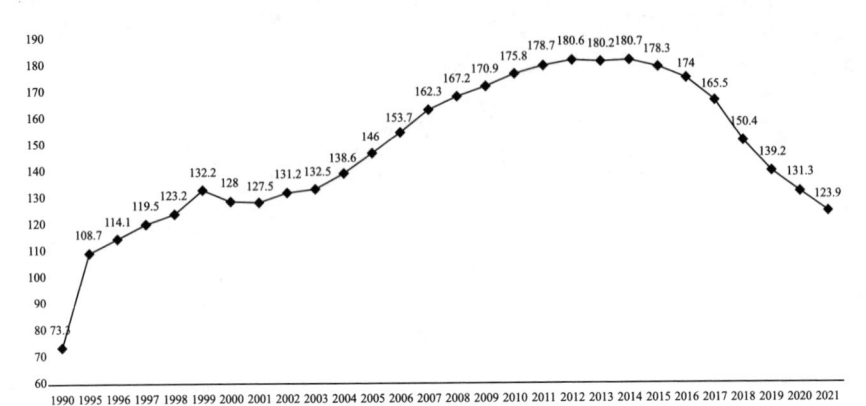

数据来源：国家统计局农村社会经济调查司.中国农村统计年鉴：2022［M］.北京：中国统计出版社，2022.

图 3-3　中国农药使用量情况

第三节　调研样本区小麦种植户病虫害防治外包现状分析

本节通过鲁、豫两省小麦种植户的实地调研数据，分析小麦种植户病虫害防治外包的发展现状与特征，进一步了解小麦种植户的现实需求，以期为构建高效的病虫害防治外包政策体系提供政策参考。

一、小麦种植户基本特征分析

1. 农业生产决策者基本特征

本部分从性别、年龄、受教育程度、务工情况、自评健康状况 5 个维度分析调研样本区小麦种植户农业生产决策者的基本特征，具体如表 3-1

所示。就性别分类而言,农业生产决策者以男性为主,其占比高达94.38%,而女性占比仅为5.62%;就年龄分布情况来看,农业生产决策者年龄多在51—64岁,其占比为50.90%,而年龄51岁及以上的农业生产决策者占比达到64.67%,充分反映出我国农业生产者老龄化的现象;从受教育程度分类来看,农业生产决策者的学历水平多为初中、小学,其占比分别为54.89%和29.35%,表明当前小麦种植户受教育程度普遍较低;就务工分布情况而言,2021年户主外出务工的比例为42.39%,不外出务工的比例为57.61%;从自评健康状况来看,农业生产决策者以比较健康和非常健康为主,其占比分别为49.64%和35.51%,表明随着乡村医疗服务水平及农户膳食结构的改善,中国农业劳动力身体健康状况得到了较大程度的改善。

表3-1 小麦种植户农业生产决策者基本特征

变量	类别	样本量(个)	比例(%)
性别	男	521	94.38
	女	31	5.62
年龄	≤35岁	16	2.90
	36~50岁	179	32.43
	51~64岁	281	50.90
	≥65岁	76	13.77
受教育程度	未上过学	19	3.44
	小学	162	29.35
	初中	303	54.89
	高中、中专或职高	62	11.23
	大专及以上	6	1.09
务工情况	是	234	42.39
	否	318	57.61
自评健康状况	非常不健康	4	0.72
	比较不健康	31	5.62
	一般	47	8.51
	比较健康	274	49.64
	非常健康	196	35.51

数据来源:笔者根据鲁、豫小麦种植户调研数据整理获得,2022年。

2. 家庭人力资本特征

本部分从家庭劳动力数量、兼业情况、家庭中是否有村干部3个方面分析小麦种植户家庭人力资本特征，具体如表3-2所示。就家庭劳动力数量而言，农户家庭中大多有2—4个劳动力，其中家庭劳动力数量为2个、3个和4个的占比分别为57.25%、17.75%和19.93%；就兼业情况而言，农户家庭兼业占比为69.75%，而未兼业占比为30.25%；就农户家庭中是否有村干部的情况来看，农户家庭有村干部和无村干部的占比分别为10.51%和89.49%。

表3-2 小麦种植户家庭人力资本特征

变量	类别	样本量（个）	比例（%）
家庭劳动力数量	1个	21	3.80
	2个	316	57.25
	3个	98	17.75
	4个	110	19.93
	≥5个	7	1.27
兼业情况	是	385	69.75
	否	167	30.25
家庭中是否有村干部	是	58	10.51
	否	494	89.49

数据来源：笔者根据鲁、豫小麦种植户调研数据整理获得，2022年。

3. 家庭生产经营特征

本部分从经营规模①、土地细碎化程度②、小麦生产技术培训次数③、参与合作社、农田灌溉便利程度5个维度分析小麦种植户家庭生产经营特征，如表3-3所示。就经营规模分类而言，种植面积小于50亩的小规模种植户居多，其占比高达89.31%，而种植面积大于等于50亩的大规模种植户占比仅为10.69%；就土地细碎化程度分布情况来看，鲁、豫小麦种

---

① 按照国家统计局关于农业经营规模划分标准，以种植面积50亩为界限，种植面积大于等于50亩则为大规模，种植面积小于50亩则为小规模。
② 此处用亩均地块数表示土地细碎化程度，即用地块数除以种植面积所得。
③ 此处的农业生产技术培训次数特指农业生产决策者参加小麦生产技术培训次数。

植户的亩均地块数多在0.2—0.4，其占比为48.01%，而亩均地块数大于等于0.2的农户占比高达67.76%，表明当前中国农业生产中土地细碎化问题仍然较为严重；就小麦生产技术培训次数的分布情况来看，参与小麦生产技术培训次数分别为0次、1~2次、3~4次、5次及以上的农户占比分别为56.70%、27.54%、13.77%、1.99%；就参与合作社情况来说，农户参与合作社与未参与合作社的占比分别为61.59%和38.41%；就农田灌溉便利程度的分布情况来说，非常不便利、不便利、一般、便利、非常便利的占比分别为3.44%、21.20%、25.36%、40.94%、9.06%。

表 3-3 小麦种植户家庭生产经营特征

变量	类别	样本量（个）	比例（%）
经营规模	<50亩	493	89.31
	≥50亩	59	10.69
土地细碎化程度	<0.2	178	32.24
	≥0.2&<0.4	265	48.01
	≥0.4	109	19.75
小麦生产技术培训次数	0	313	56.70
	1~2	152	27.54
	3~4	76	13.77
	≥5	11	1.99
参与合作社	是	340	61.59
	否	212	38.41
农田灌溉便利程度	非常不便利	19	3.44
	不便利	117	21.20
	一般	140	25.36
	便利	226	40.94
	非常便利	50	9.06

数据来源：笔者根据鲁、豫小麦种植户调研数据整理获得，2022年。

二、小麦种植户病虫害防治外包行为

小麦种植户病虫害防治外包行为的分布情况如表3-4所示。整体上，552户小麦种植户中共有193户农户采纳了病虫害防治外包服务，占总体样本的 34.96%，而其余占样本 65.04% 的 359 户农户未采纳病虫害防治外包服务。分样本省份来看，山东省 273 户农户中，占样本 41.03% 的 112 户农户采纳了病虫害防治外包，而河南省 279 户农户中，占样本 29.03% 的 81 户农户采纳了病虫害防治外包，表明山东省农户病虫害防治外包的采纳程度高于河南省。分样本市来看，山东省各个样本市小麦种植户的外包采纳程度均高于河南省各个样本市，其中山东省德州市小麦种植户的病虫害防治外包程度最高，为 45.65%，而河南省驻马店市小麦种植户的外包程度最低，为 26.88%。

表 3-4 小麦种植户病虫害防治外包行为的分布情况

样本市	样本量（个）	样本占比（%）	病虫害防治外包农户（个）	病虫害防治未外包农户（个）	外包比例（%）
济南市	90	16.30	36	54	40.00
德州市	92	16.67	42	50	45.65
聊城市	91	16.49	34	57	37.36
山东省合计	273	49.46	112	161	41.03
南阳市	94	17.02	27	67	28.72
周口市	92	16.67	29	63	31.52
驻马店市	93	16.85	25	68	26.88
河南省合计	279	50.54	81	198	29.03
整体合计	552	100.00	193	359	34.96

数据来源：笔者根据鲁、豫小麦种植户调研数据整理获得，2022 年。

更进一步地，本部分基于农业生产决策者基本特征（年龄、受教育程度）、家庭人力资本特征（劳动力禀赋、劳动力非农就业占比）、家庭生产经营特征（种植面积、土地细碎化程度、参与合作社）及外包环境特征（本村服务供给方①、朋友病虫害防治外包决策、邻近地块病虫害防治外包决策）对小麦种植户病虫害防治外包行为进行划分，具体如表 3-5、表 3-6、表 3-7 和表 3-8 所示。

---

① 此处的本村服务供给方是指本村是否有病虫害防治外包服务供给方。

1. 农业生产决策者基本特征与小麦种植户病虫害防治外包行为

基于农业生产决策者基本特征划分的小麦种植户病虫害防治外包行为分布情况如表3-5所示，可以发现：就年龄而言，农业生产决策者年龄小于等于50岁样本群体的病虫害防治外包采纳程度（35.90%）略高于年龄大于50岁农户群体的采纳程度（34.45%）。可能的原因在于：一方面，年龄较高的农业生产决策者其种植经验往往更丰富，已经积累了一定的施药技术，所以倾向于自行防治；另一方面，年龄较高的农业生产决策者其外出务工的可能性低，家庭收入单一且普遍较低，因而更愿意节约成本进行自行防治。就受教育程度而言，随着农业生产决策者受教育程度从"小学及以下"到"初中"，再到"高中（中专或职高）及以上"的提升，小麦种植户病虫害防治外包采纳程度由20.99%先上升至38.61%后，又上升至55.88%，呈逐渐上升趋势。可能的原因在于：农户受教育程度越高，一方面意味着农户了解农业新技术的渠道越广泛（Feder，1985），另一方面表明农户获取非农就业的能力与机会越高，其从事农业劳动的机会成本也越高，因而农户倾向于采纳病虫害防治外包服务。据此，可以大致判断出农业生产决策者年龄越小、受教育程度越高的农户家庭越倾向于采纳病虫害防治外包服务，但简单的分组统计并不能表明农业生产决策者基本特征与病虫害防治外包行为之间的因果关系，尚需进一步通过实证分析来验证。

表3-5　基于农业生产决策者基本特征划分的小麦种植户病虫害防治外包行为分布情况

变量	分类	样本量（个）	样本占比（%）	病虫害防治外包农户（个）	病虫害防治未外包农户（个）	外包比例（%）
年龄	≤50岁	195	35.33	70	125	35.90
	>50岁	357	64.67	123	234	34.45
受教育程度	小学及以下	181	32.79	38	143	20.99
	初中	303	54.89	117	186	38.61
	高中（中专或职高）及以上	68	12.32	38	30	55.88

数据来源：笔者根据鲁、豫小麦种植户调研数据整理获得，2022年。

2. 家庭人力资本特征与小麦种植户病虫害防治外包行为

基于家庭人力资本特征划分的小麦种植户病虫害防治外包行为分布情况如表3-6所示,可以发现:就劳动力禀赋而言,农户家庭劳动力为1—3人样本群体的病虫害防治外包采纳程度(36.55%)高于家庭劳动力大于等于4人样本群体的采纳程度(29.06%)。这是因为劳动力数量较多表明农户家庭中劳动力资源更为充分,因此选择病虫害防治外包的可能性越小。就劳动力非农就业占比而言,农户家庭劳动力非农就业占比小于0.5样本群体的病虫害防治外包采纳程度(31.23%)低于家庭劳动力非农就业占比大于等于0.5样本群体的采纳程度(39.44%)。可能的原因在于:劳动力非农就业占比较高,一则说明家庭农业劳动力资源相对稀缺,家庭劳动力受限于时间与精力难以进行自行防治,且其自行防治的机会成本较高;二则意味着农户家庭拥有较多的非农收入,故其在选择病虫害防治外包服务时面临资金约束的可能性较低(蔡荣和蔡书凯,2014),因而对病虫害防治外包服务的需求较大。据此,可以大致判断出劳动力禀赋越少、劳动力非农就业比例越高的农户家庭越倾向于采纳病虫害防治外包服务,但简单的分组统计并不能表明农户家庭人力资本特征与病虫害防治外包行为之间的因果关系,尚需进一步通过实证分析来验证。

表3-6 基于家庭人力资本特征划分的小麦种植户病虫害防治外包行为分布情况

变量	分类	样本量(个)	样本占比(%)	病虫害防治外包农户(个)	病虫害防治未外包农户(个)	外包比例(%)
劳动力禀赋	1~3人	435	78.80	159	276	36.55
	≥4人	117	21.20	34	83	29.06
劳动力非农就业占比	<0.5	301	54.53	94	207	31.23
	≥0.5	251	45.47	99	152	39.44

数据来源:笔者根据鲁、豫小麦种植户调研数据整理获得,2022年。

3. 家庭生产经营特征与小麦种植户病虫害防治外包行为

基于家庭生产经营特征划分的小麦种植户病虫害防治外包行为分布情

况如表3-7所示，可以发现：就种植面积而言，种植面积小于50亩样本群体的病虫害防治外包采纳程度（34.08%）低于种植面积大于等于50亩样本群体的采纳程度（42.37%）。这是因为家庭劳动力资源有限，农地规模越大的农户家庭越容易受农业劳动力供给约束，因而倾向于采纳病虫害防治外包服务。就土地细碎化程度而言，当土地细碎化程度分别小于0.2、大于等于0.2且小于0.4、大于等于0.4时，小麦种植户病虫害防治外包采纳率分别为56.18%、27.92%和17.43%，表明随着土地细碎化程度的提高，小麦种植户病虫害防治外包采纳率逐渐降低。通常而言，伴随土地细碎化程度的加大，服务组织进行病虫害防治外包作业的难度也随之增大。因而，服务供给的可能性随之降低，且服务组织即使愿意提供服务，但报价时实行"价格歧视"的可能性更高，服务成本也随之提升，因而降低了农户采纳病虫害防治外包的概率。就参与合作社来说，参与合作社样本群体的病虫害防治外包采纳程度（45.29%）远远高于未参与合作社样本群体的采纳程度（18.40%）。原因在于合作社所构建的社会网络拓展了农户的信息获取渠道（冯晓龙和霍学喜，2016），农户可以从中获悉病虫害防治外包的相关知识及技术效果。另外，合作社具有较强的市场谈判优势，可以通过有效谈判降低服务成本，而拥有植保器械的合作社还会以低于市场的服务价格优先服务本社社员（Ma et al.，2016），因而农户倾向于采纳病虫害防治外包服务。据此，可以大致判断出种植面积越大、土地细碎化程度越小且参与合作社的农户家庭更加倾向于采纳病虫害防治外包服务，但简单的分组统计并不能表明家庭生产经营特征与病虫害防治外包行为之间的因果关系，尚需进一步通过实证分析来验证。

表3-7 基于家庭生产经营特征划分的小麦种植户病虫害防治外包行为分布情况

变量	分类	样本量（个）	样本占比（%）	病虫害防治外包农户（个）	病虫害防治未外包农户（个）	外包比例（%）
种植面积	<50亩	493	89.31	168	325	34.08
	≥50亩	59	10.69	25	34	42.37

续表

变量	分类	样本量（个）	样本占比（%）	病虫害防治外包农户（个）	病虫害防治未外包农户（个）	外包比例（%）
土地细碎化程度	<0.2	178	32.25	100	78	56.18
	≥0.2&<0.4	265	48.01	74	191	27.92
	≥0.4	109	19.75	19	90	17.43
参与合作社	是	340	61.59	154	186	45.29
	否	212	38.41	39	173	18.40

数据来源：笔者根据鲁、豫小麦种植户调研数据整理获得，2022年。

4. 外包环境特征与小麦种植户病虫害防治外包行为

基于外包环境特征划分的小麦种植户病虫害防治外包行为分布情况如表3-8所示，可以发现：就本村服务供给方而言，本村具有服务供给方样本群体的病虫害防治外包采纳程度（64.73%）高于本村不具有服务供给方农户群体的采纳程度（8.84%）。可能的原因在于：第一，本村具有服务供给方表明农户所在区域拥有更为先进的病虫害防治器械与更加专业的服务人员，同时区域内防治技术相对成熟且得到了有效推广，具有提供积极有效防治服务的基础条件，能够有效满足农户的服务需求；第二，本村具有服务供给方可以有效降低农户的信息搜寻成本，同时本村熟人服务也可以有效规避"机会主义行为"，能够有效保障农户的效益最大化。就朋友病虫害防治外包决策和邻近地块病虫害防治外包决策而言，朋友采纳病虫害防治外包样本群体的病虫害防治外包采纳程度（52.27%）高于朋友不采纳病虫害防治外包样本群体的采纳程度（19.10%），而邻近地块采纳病虫害防治外包样本群体的病虫害防治外包采纳程度（65.42%）也高于邻近地块不采纳病虫害防治外包样本群体的采纳程度（11.54%），这是因为周围农户的示范效应有助于农户采纳病虫害防治外包（应瑞瑶和徐斌，2014；孙顶强和邢钰杰，2022）。据此，可以大致判断出本村具有服务供给方、朋友采纳病虫害防治外包、邻近地块采纳病虫害防治外包的农户家庭更加倾向于采纳病虫害防治外包服务，但简单的分组统计并不能表明外包环境特征与病虫害防治外包行为之间的因果关系，尚需进一步通过实证分析来验证。

表 3-8 基于外包环境特征划分的小麦种植户病虫害防治外包行为分布情况

变量	分类	样本量（个）	样本占比（%）	病虫害防治外包农户（个）	病虫害防治未外包农户（个）	外包比例（%）
本村服务供给方	是	258	46.74	167	91	64.73
	否	294	53.26	26	268	8.84
朋友采纳病虫害防治外包决策	是	264	47.83	138	126	52.27
	否	288	52.17	55	233	19.10
邻近地块病虫害防治外包决策	是	240	43.48	157	83	65.42
	否	312	56.52	36	276	11.54

数据来源：笔者根据鲁、豫小麦种植户调研数据整理获得，2022 年。

三、小麦种植户病虫害防治外包与农户家庭收入

基于病虫害防治外包划分的小麦种植户家庭收入情况如图 3-4 所示，可以发现：就样本整体而言，农户家庭人均纯收入、人均种植业净收入、人均纯工资性收入分别为 16 494 元/人、7 228 元/人和 8 441 元/人。值得注意的是，农户家庭的工资性收入高于种植业净收入，表明随着农业产业结构的优化升级，农民的工资性收入已超越经营性收入。就分组情况而言，外包农户的家庭收入与未外包农户的家庭收入存在明显差异。外包农户的家庭人均纯收入、人均种植业净收入及人均纯工资性收入分别为 20 620 元/人、9 109 元/人和 10 305 元/人，均高于样本均值。而未外包农户的家庭人均纯收入、人均种植业净收入及人均纯工资性收入分别为 14 276 元/人、6 217 元/人和 7 439 元/人，均低于样本均值。据此，可以大致判断出病虫害防治外包有助于促进农户家庭增收，但两者之间的因果关系尚需进一步通过实证分析来验证。

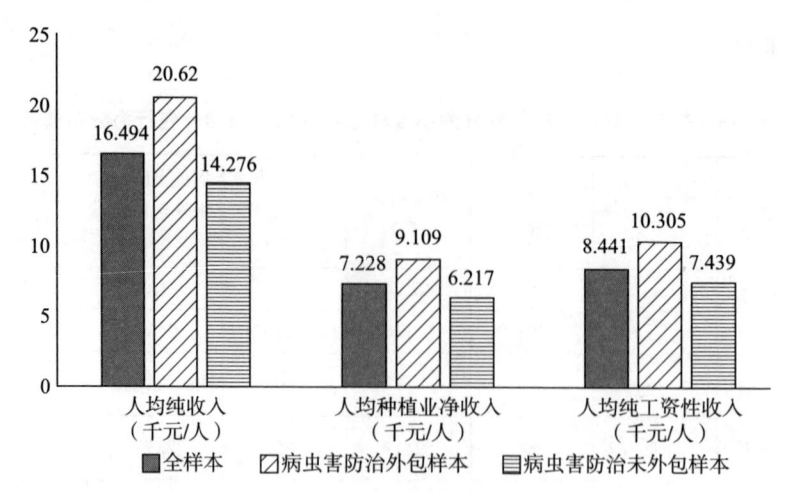

```
                                                  20.62
      25
      20    16.494
                              14.276
      15
      10                              9.109
                      7.228                  6.217          10.305
       5                                             8.441          7.439
       0
           人均纯收入           人均种植业净收入         人均纯工资性收入
           （千元/人）             （千元/人）            （千元/人）
              ■ 全样本   ▨ 病虫害防治外包样本   ☰ 病虫害防治未外包样本
```

数据来源：笔者根据鲁、豫小麦种植户调研数据整理获得，2022年。

图 3-4 基于病虫害防治外包划分的小麦种植户家庭收入情况

四、小麦病虫害防治外包与农户农药施用

基于病虫害防治外包划分的小麦种植户农药投入成本情况如图 3-5 所示，可以发现：就样本整体而言，小麦种植户农药投入成本为 49.549 元/亩。就分组情况而言，外包农户的农药投入成本为 40.881 元/亩，低于样本均值。而未外包农户的农药投入成本则为 54.209 元/亩，高于样本均值，病虫害防治外包农户的农药投入成本低于未外包农户。据此，可以大致判断出病虫害防治外包有助于降低农户农药投入成本，但两者之间的因果关系尚需进一步通过实证分析来验证。

基于病虫害防治外包划分的小麦种植户农药施用频次的分布情况如表 3-9 所示，可以发现：就样本整体而言，小麦种植户农药施用频次多集中于 3 次，其样本数与样本占比分别为 317 个和 57.43%。就分组情况而言，外包农户的农药施用频次多集中于 2~3 次。而未外包农户的农药施用频次多集中于 3 次。据此，可以大致判断出病虫害防治外包有助于减少农户农药施用频次，但两者之间的因果关系尚需进一步通过实证分析来验证。

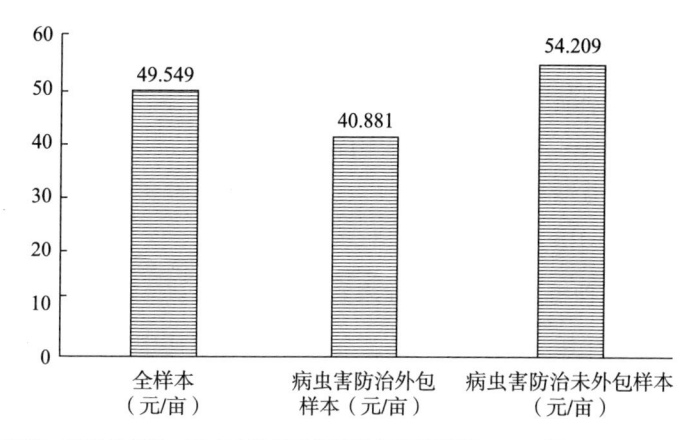

数据来源：笔者根据鲁、豫小麦种植户调研数据整理获得，2022年。

图 3-5　基于病虫害防治外包划分的小麦种植户农药投入成本情况

表 3-9　基于病虫害防治外包划分的小麦种植户农药施用频次的分布情况

农药施用频次	样本量（个）	样本占比（%）	病虫害防治外包农户（个）	病虫害防治未外包农户（个）	外包比例（%）
1次	11	1.99	8	3	72.73
2次	155	28.08	89	66	57.42
3次	317	57.43	94	223	29.65
4次	60	10.87	2	58	3.33
5次	5	0.91	0	5	0.00
6次	4	0.72	0	4	0.00

数据来源：笔者根据鲁、豫小麦种植户调研数据整理获得，2022年。

第四节　本章小结

本章首先从宏观层面出发，厘清病虫害防治外包的发展演变历程及其产生的原因。然后，基于课题组在2022年6—8月对鲁、豫两省小麦种植户调研的一手数据，从微观层面出发，梳理并归纳小麦种植户病虫害防治外包的发展现状，得到如下结论。

（1）改革开放以来，我国农业病虫害防治外包经历了20世纪80年代末的初探阶段、20世纪80年代末到2000年的停滞阶段、2001年到2007年的萌发阶段及2008年至今的迅速发展阶段。

（2）病虫害防治外包产生的原因在于：随着农村劳动力非农化转移，农业生产面临着劳动力结构性短缺、农业人工成本居高不下及农户普遍不规范使用农药的困境。

（3）从小麦种植户的基本特征来看，农业生产决策者特征方面，决策者以男性为主，年龄多在51~64岁，学历水平多以初中和小学为主，外出务工比例为42.39%，身体较为健康；家庭人力资本特征方面，农户家庭中大多有2~4个劳动力，家庭兼业情况较为普遍，而有村干部的家庭则较少；家庭生产经营特征方面，多为小规模经营户，土地细碎化程度多在0.2~0.4块/亩，一半以上的农户家庭未受过小麦生产技术培训，而一半以上的农户家庭参与了合作社，农田灌溉便利程度多为便利与一般。

（4）对小麦种植户病虫害防治外包行为而言，样本农户病虫害防治外包采纳率为34.96%，其中山东省样本农户的采纳率高于河南省样本农户。各个样本市中，德州市采纳程度最高，而驻马店市的采纳程度最低；农业生产决策者年龄越小、受教育程度越高的农户家庭越倾向于采纳病虫害防治外包；家庭劳动力禀赋越少、劳动力非农就业比例越高的农户家庭越倾向于采纳病虫害防治外包；种植面积越大、土地细碎化程度越小、参与合作社的农户家庭更加倾向于采纳病虫害防治外包；本村具有服务供给方、朋友和邻近地块采纳病虫害防治外包服务的农户家庭更加倾向于采纳病虫害防治外包。

（5）从小麦病虫害防治外包与农户家庭收入情况的调查数据来看，样本农户家庭人均纯收入、人均种植业净收入、人均纯工资性收入分别为16494元/人、7228元/人和8441元/人。其中，外包农户的家庭人均纯收入、人均种植业净收入及人均纯工资性收入均高于未外包农户。

（6）从小麦病虫害防治外包与农户农药施用情况的调查数据来看，样本农户农药投入成本的均值为49.549元/亩，农药施用频次多集中于3次。其中，外包农户的农药投入成本为40.881元/亩，农药施用频次多集中于2~3次。而未外包农户的农药投入成本则为54.209元/亩，农药施用频次多集中于3次。

第四章　病虫害防治外包对农户家庭收入的影响
——基于家庭收入结构视角

第一节　引言

伴随中国农村青壮年劳动力不断外流，留守劳动力老龄化、女性化进程加快，传统农业生产方式对于农业持续发展的贡献近乎倾尽，农业生产性服务业的兴起对于缓解农村留守劳动力结构性失衡、促进农业规模化经营、推动农业现代化发展进程的关键作用持续凸显，为助推小农户与现代农业有机衔接提供了现实路径。因此本章从家庭收入结构视角出发探究小麦病虫害防治外包的经济效应，为探究病虫害防治外包对于农户家庭收入的影响根源与作用机制提供理论依据，也为从实践层面推进病虫害防治外包、促进农民增收提供政策参考。

第二节　变量选择与数据描述

一、变量选择

1. 被解释变量

本章旨在探究病虫害防治外包对农户家庭收入的影响，为有效规避不同家庭规模带来的计量误差（宋英杰，2010），借鉴梁虎等（2017）、许恒周等（2020）的研究成果，将农户家庭人均纯收入作为被解释变量。此外，在进一步探讨病虫害防治外包对农户家庭收入结构的影响时，考虑到农户"半工半耕"生计模式下收入结构的主要构成，特引入农户家庭人均种植业净收入和农户家庭人均纯工资性收入作为被解释变量。

2. 处理变量

本章处理变量为病虫害防治外包决策，借鉴应瑞瑶和徐斌（2014）、Sun et al.（2018）、孙顶强和邢钰杰（2022）的做法，采用虚拟变量量化分析病虫害防治外包行为决策。即将其界定为：在 2021 年小麦生产过程中，农户是否采纳病虫害防治外包服务。若采纳则处理变量赋值为 1，为处理组；否则赋值为 0，为对照组。

3. 控制变量

本章借鉴应瑞瑶和徐斌（2014）、Tang et al.（2018）、Sun et al.（2018）、杨志海（2019）、孙顶强和邢钰杰（2022）等的研究成果，选取决策者个人特征、家庭人力资本特征、家庭生产经营特征、村庄特征及地区特征 5 个方面 14 个变量作为控制变量。其中决策者个人特征包括年龄、受教育程度及社会网络 3 个变量；家庭人力资本特征包括劳动力比例、劳动力非农就业比例、劳动力老龄化程度及劳动力女性化程度 4 个变量；家庭生产经营特征包括人均经营规模、土地细碎化程度、参与合作社及生产性资产状况 4 个变量；村庄特征包括本村与县城距离及田地间交通情况 2 个变量；地区特征只包括地区虚拟变量 1 个变量，旨在控制不同区域之间自然禀赋、经济发展、技术水平等特征的影响。

4. 工具变量

为保证模型可识别，本章选取"本村服务供给方""本村服务供给方数量"作为"病虫害防治外包决策"的工具变量，其中"本村服务供给方数量"作为稳健性检验部分"本村服务供给方"的替代工具变量。"本村服务供给方"变量是指本村是否拥有小麦病虫害防治外包服务供给方，而"本村服务供给方数量"是指本村拥有小麦病虫害防治外包服务供给方的

第四章　病虫害防治外包对农户家庭收入的影响——基于家庭收入结构视角

数量。选择这两个变量作为工具变量的原因在于本村拥有病虫害防治外包组织是影响农户采纳病虫害防治外包的先决条件（李成龙和周宏，2020），但是本村拥有病虫害防治外包服务供给方并不能直接影响农户家庭收入，对农户家庭收入而言为外生变量。

5. 中介变量

本章选取要素利用率和外出务工时间为中介变量来检验病虫害防治外包对农户家庭收入影响的专业分工路径与资源配置路径。其中要素利用率变量界定为：亩均农药费用与亩均小麦产值的比值。外出务工时间变量界定为：2021 年，家庭劳动力的平均外出务工时间。

二、描述性统计

本章相关变量的界定及描述性统计分析如表 4-1 所示。可以发现，有关收入的被解释变量中，农户家庭人均纯收入均值为 16 494 元，最小值和最大值分别为 633 元和 84 800 元；农户家庭人均种植业净收入均值为 7 228 元，最小值和最大值分别为 267 元和 72 000 元；农户家庭人均纯工资性收入均值为 8 441 元，最小值和最大值分别为 0 元和 72 000 元。处理变量中，占样本 35% 的 193 户小麦种植户采纳了病虫害防治外包服务，而其余占样本 65% 的 359 户小麦种植户未采纳病虫害防治外包服务。这表明当前情形下，农户在病虫害防治环节的外包采纳程度依旧不高。控制变量中，受访者年龄平均值为 53.723 岁，其中年龄最小的受访者为 32 岁，而年龄最大的受访者为 78 岁；受访农户受教育年限均值为 7.781 年，最小值和最大值分别为 0 年和 16 年；家庭人均小麦种植面积为 7.101 亩，最小值和最大值分别为 0.333 亩和 80.500 亩；受访农户中，占样本 61.6% 的 340 户小麦种植户参与了合作社，而其余占样本 38.4% 的 212 户小麦种植户未参与合作社；本村与县城距离的均值为 16.882 公里，最小值和最大值分别为 9 公里和 32 公里。工具变量中，占样本 47% 的 258 户小麦种植户表示其所在村庄有小麦病虫害防治外包服务供给方，而其余占样本 53% 的 254 户小麦种植户却表示其所在村庄没有小麦病虫害防治外包服务供给方；本村拥有小麦病虫害防治外包服务供给方数量的平均值为 0.520 个，个数最多为 3 个。就中介变量而言，要素利用率均值为 27.244，最小值和最大值分别为 12 和 61.967；家庭外出务工成员平均外出务工时间的均值为 5.045 个月，最小值和最大值分别为 0 个月和 12 个月。

表 4-1 变量界定与描述性统计

变量名称	变量定义与赋值	均值	标准差	最小值	最大值
被解释变量					
农户纯收入	2021 年，家庭人均纯收入（千元/人）	16.494	13.499	0.633	84.800
农户种植业净收入	2021 年，家庭人均种植业净收入（千元/人）	7.228	10.147	0.267	72.000
农户纯工资性收入	2021 年，家庭人均纯工资性收入（千元/人）	8.441	9.839	0.000	72.000
处理变量					
病虫害防治外包决策	2021 年小麦生产过程中，农户是否采纳病虫害防治外包服务：是 = 1；否 = 0	0.350	0.477	0.000	1.000
控制变量					
决策者个人特征					
年龄	受访者实际年龄（周岁）	53.723	9.669	32.000	78.000
受教育程度	受访者受教育年限（年）	7.781	2.876	0.000	16.000
社会网络	与亲友邻居交流的频繁程度：几乎不联系 = 1；偶尔联系 = 2；每月 1~2 次 = 3；每周 1~2 次 = 4；几乎每天都联系 = 5	3.989	0.889	1.000	5.000
家庭人力资本特征					
劳动力比例	家庭总人口中劳动力占比	0.708	0.223	0.167	1.000
劳动力非农就业比例	家庭劳动力中非农就业劳动力占比	0.332	0.315	0.000	1.000
劳动力老龄化程度	家庭劳动力中年龄超过 60 岁的劳动力占比	0.262	0.376	0.000	1.000

第四章 病虫害防治外包对农户家庭收入的影响——基于家庭收入结构视角

续表

变量名称	变量定义与赋值	均值	标准差	最小值	最大值
劳动力女性化程度	家庭劳动力中女性劳动力占比	0.472	0.140	0.000	1.000
家庭生产经营特征					
人均经营规模	2021年,家庭人均小麦种植面积(亩)	7.101	11.105	0.333	80.500
土地细碎化程度	亩均地块数,即小麦地块数/小麦种植面积(块/亩)	0.274	0.159	0.016	1.000
参与合作社	是否参与合作社:是=1;否=0	0.616	0.487	0.000	1.000
生产性资产状况	家庭农业机械设备现值加1后取对数	6.111	4.502	0.000	13.911
村庄特征					
本村与县城距离	农户所在村域与县城的距离(千米)	16.882	5.685	9.000	32.000
田地间交通情况	非常差=1;很差=2;一般=3;很好=4;非常好=5	3.388	0.987	1.000	5.000
地区特征					
地区虚拟变量	受访者地处何地:河南=1;山东=0	0.505	0.500	0.000	1.000
工具变量					
本村服务供给方	本村是否拥有小麦病虫害防治外包服务供给方:是=1;否=0	0.467	0.499	0.000	1.000
本村服务供给方数量	本村拥有小麦病虫害防治外包服务供给方的数量(个)	0.520	0.602	0.000	3.000
中介变量					
要素利用率	亩均农药费用/亩均小麦产值	27.244	9.280	12.000	61.967
外出务工时间	2021年,家庭劳动力的平均外出务工时间(月)	5.045	4.532	0.000	12.000

数据来源:笔者根据鲁、豫小麦种植户调研数据整理获得,2022年。

三、均值差异性分析

病虫害防治外包农户与病虫害防治未外包农户在各变量上的均值差异如表 4-2 所示。其中，第 2—3 列表示病虫害防治外包农户在各变量上的均值及标准差，第 4—5 列表示病虫害防治未外包农户在各变量上的均值及标准差，第 6 列表示两组农户在各变量上的均值差异及其显著性。可以发现，病虫害防治外包农户与未外包农户在各变量上具有明显的差异。被解释变量中，病虫害防治外包农户的家庭人均纯收入、家庭人均种植业净收入及家庭人均纯工资性收入均高于未外包农户，且两者之间的差异在 1% 的显著性水平上通过 t 检验。控制变量中，病虫害防治外包农户其生产决策者的年龄更小、受教育程度更高、社会网络紧密程度也更高；在家庭人力资本方面，其非农就业人口比例更高，但劳动力老龄化程度更低；在家庭生产经营方面，其人均经营规模更大、土地细碎化程度更低、更可能参与合作社；在村庄特征方面，其所在村域与县城距离更远，田地间交通情况更好。值得注意的是，工具变量中，病虫害防治外包农户所在村域中拥有病虫害防治外包服务供给方的概率和数量均远远高于病虫害防治未外包农户，表明工具变量与被解释变量之间具有较强的相关性，但工具变量的有效性仍然需要进一步检验。中介变量中，病虫害防治外包农户在小麦种植过程中要素利用率更高、家庭劳动力外出务工时间较长。据此可以大致判断出病虫害防治外包能够增加农户的家庭收入，带来正向的经济效应。但简单的均值差异 t 检验，并不能说明病虫害防治外包服务与农户家庭收入之间的因果关系，尚需采用更加严谨的计量方法，从而更加精确地估计出病虫害防治外包服务的经济效应。

表 4-2 病虫害防治外包农户与病虫害防治未外包农户的均值差异

变量名称	病虫害防治外包农户		病虫害防治未外包农户		均值差异
	均值	标准差	均值	标准差	
被解释变量					
农户纯收入	20.620	15.015	14.276	12.060	6.344*** (5.398)
农户种植业净收入	9.109	12.380	6.217	8.564	2.892*** (3.220)

第四章 病虫害防治外包对农户家庭收入的影响——基于家庭收入结构视角

续表

变量名称	病虫害防治外包农户		病虫害防治未外包农户		均值差异
	均值	标准差	均值	标准差	
农户纯工资性收入	10.305	9.446	7.439	9.913	2.865*** (3.292)
控制变量					
决策者个人特征					
年龄	52.518	9.211	54.370	9.858	-1.852** (-2.153)
受教育程度	8.627	2.577	7.326	2.928	1.301*** (5.187)
社会网络	4.290	0.636	3.827	0.962	0.463*** (6.013)
家庭人力资本特征					
劳动力比例	0.717	0.225	0.703	0.223	0.014 (0.698)
劳动力非农就业比例	0.374	0.307	0.309	0.317	0.065** (2.310)
劳动力老龄化程度	0.208	0.345	0.291	0.390	-0.083** (-2.479)
劳动力女性化程度	0.478	0.133	0.469	0.143	0.009 (0.701)
家庭生产经营特征					
人均经营规模	8.793	13.635	6.192	9.367	2.602*** (2.639)
土地细碎化程度	0.212	0.127	0.308	0.164	-0.096*** (-7.068)
参与合作社	0.798	0.403	0.518	0.500	0.280*** (6.691)
生产性资产状况	6.248	4.691	6.037	4.402	0.211 (0.525)
村庄特征					
本村与县城距离	17.428	5.932	16.588	5.534	0.840* (1.659)
田间交通情况	3.886	0.802	3.120	0.974	0.766*** (9.353)
地区特征					
地区虚拟变量	0.420	0.495	0.552	0.498	-0.132*** (-2.973)
工具变量					
本村服务供给方	0.865	0.342	0.253	0.436	0.612*** (16.904)
本村服务供给方数量	0.990	0.530	0.267	0.474	0.722*** (16.374)
中介变量					
要素利用率	33.879	9.553	23.677	6.863	10.202*** (14.455)
外出务工时间	6.041	4.465	4.510	4.484	1.531*** (3.831)
样本量	193		359		552

注：*、**、***分别表示在10%、5%、1%的显著水平；"( )"内数字为均值差异对应的T值。

第三节 模型构建选择与设定

一、病虫害防治外包对农户家庭收入的处理效应：内生转换模型

本章借鉴 Ma and Abdula（2016）、Ma et al.（2022）的研究，采用 ESR 模型来纠正样本选择偏差和内生性问题，并基于反事实框架检验病虫害防治外包的增收效应。

作为理性经济人，农户采纳病虫害防治外包以实现家庭效用最大化。假设农户 i 在病虫害防治外包与未外包时所获得的潜在净收益分别为 O_{ia}^* 和 O_{in}^*。当 $O_{ia}^* - O_{in}^* = O_i^* > 0$，即农户病虫害防治外包所获得的净收益大于未外包所获得的净收益时，农户在病虫害防治环节才会采纳外包防治而不是自行防治。O_i^* 是无法直接观测的潜变量，但可由包含一系列可观测外生变量的函数表示。那么，小麦种植户病虫害防治外包的行为决策模型可表示为：

$$O_i = \begin{cases} 1, O_i^* > 0 \\ 0, O_i^* \leq 0 \end{cases} \quad (4-1)$$

式（4-1）中，O_i 表示小麦种植户的病虫害防治外包决策行为，$O_i = 1$ 表示农户采纳了病虫害防治外包服务，$O_i = 0$ 表示农户未采纳病虫害防治外包服务。

ESR 模型为两阶段模型，其估计的基本思路是：在模型估计的第一阶段，使用极大似然估计，运用 Probit 模型或 Logit 模型估计选择方程，用以识别小麦种植户病虫害防治外包行为决策的影响因素；第二阶段，将第一阶段选择方程回归中所得的逆米尔斯比率及协方差带入结果方程，从而在第二阶段得到参数的一致估计。即在有效控制内生性问题的基础上，分别就处理组和对照组的收入方程进行回归。

选择方程：

$$O_i = \alpha X_i + \delta I_i + u_i \tag{4-2}$$

结果方程1（处理组，即病虫害防治外包农户组的收入决定方程）：

$$Y_{1i} = \beta_1 X_{1i} + \sigma_1 \lambda_{1i} + v_{1i} \tag{4-3}$$

结果方程2（控制组，即病虫害防治未外包农户组的收入决定方程）：

$$Y_{0i} = \beta_0 X_{0i} + \sigma_0 \lambda_{0i} + v_{0i} \tag{4-4}$$

式（4-2）、式（4-3）、式（4-4）中，α、δ、β_1、σ_1、β_0 及 σ_0 为待估参数；O_i 表示农户病虫害防治外包行为决策，为二元选择变量；Y_{1i} 和 Y_{0i} 分别表示病虫害防治外包与未外包农户的家庭收入，具体包括农户家庭纯收入、种植业净收入及纯工资性收入。X_i、X_{1i} 和 X_{0i} 表示病虫害防治外包行为决策及农户家庭收入的影响因素；u_i 为选择方程的随机误差项，而 v_{1i} 和 v_{0i} 为结果方程的随机误差项；λ_{1i} 和 λ_{0i} 为估计选择方程时所得的逆米尔斯比率；σ_1 和 σ_0 则表示 u_i 与 v_{1i} 和 v_{0i} 的协方差，用来识别病虫害防治外包行为决策与农户家庭收入之间的相关关系，若回归结果显著，则表明需要纠正选择性偏误，那么此时 β_1 和 β_0 则为一致估计量；值得注意的是，选择方程式（4-2）中 I_i 为工具变量。

农户病虫害防治外包行为决策有外包和未外包两种抉择，然而，同一个农户仅能做出其中一个选择，因此对于同一个农户来说，$O_i=1$ 与 $O_i=0$ 的结果不能被同时观测到。而ESR模型则可以通过反事实分析框架，比较分析真实情境下与反事实情境下病虫害防治外包与未外包农户的家庭收入期望值，进而估计出病虫害防治外包对农户家庭收入的处理效应。其中，真实情境下病虫害防治外包与未外包农户的家庭收入期望值分别对应式（4-5）和式（4-6）。相应地，在反事实情境下病虫害防治外包农户若未外包则其家庭收入期望值如式（4-7），而病虫害防治未外包农户若外包则其家庭收入期望值如式（4-8）。

$$E(Y_{1i}|O_i=1) = \beta_1 X_{1i} + \rho_1 \sigma_1 \lambda_{1i} \tag{4-5}$$

$$E(Y_{0i}|O_i=0) = \beta_0 X_{0i} + \rho_0 \sigma_0 \lambda_{0i} \tag{4-6}$$

$$E(Y_{0i}|O_i=1) = \beta_0 X_{1i} + \rho_0 \sigma_0 \lambda_{1i} \tag{4-7}$$

$$E(Y_{1i}|O_i=0) = \beta_1 X_{0i} + \rho_1 \sigma_1 \lambda_{0i} \tag{4-8}$$

式（4-5）、式（4-6）、式（4-7）和式（4-8）中，ρ_1 和 ρ_0 分别表

示 u_i 与 v_{1i} 和 v_{0i} 的相关系数。那么根据模型设定，病虫害防治外包农户的家庭收入平均处理效应，即处理组的平均处理效应（Average treatment effect on the treated，ATT）则表示为式（4-5）与式（4-7）之差，如式（4-9）所示。相应地，病虫害防治未外包农户的家庭收入平均处理效应，即控制组的平均处理效应（Average treatment effect on the untreated，ATU）则表示为式（4-8）与式（4-6）之差，如式（4-10）所示。

$$ATT = E(Y_{1i} | O_i = 1) - E(Y_{0i} | O_i = 1) \qquad (4-9)$$

$$ATU = E(Y_{1i} | O_i = 0) - E(Y_{0i} | O_i = 0) \qquad (4-10)$$

二、病虫害防治外包增收效应异质性分析：工具变量分位数回归模型

分位数回归模型（Quantile Regress，QR）以因变量的条件分布来拟合自变量与因变量之间的关系，能够用于验证自变量对各阶段因变量水平影响的差异，从而得到更加稳健的估计结果。然而，标准分位数回归模型并不能有效解决内生性问题。通常而言，农户病虫害防治外包与未外包的划分不是随机产生的，而是农户根据外包前后自身效用变化做出的"自选择"，可能存在选择性偏误。因此，为了进一步明确病虫害防治外包对不同收入水平农户家庭增收效应的差异及动态变化趋势，本章采用 Chernozhukov and Hansen（2008）所提出的工具变量分位数回归模型（Instrument Variable Quantile Regress，IVQR）进行实证分析，用以解决内生性问题，从而使回归结果更接近现实值。

第四节 实证检验与结果分析

一、病虫害防治外包对农户家庭收入的影响分析

1. 模型有效性检验

病虫害防治外包行为决策对农户家庭收入影响的 ESR 估计结果如表 4-3

所示。表格最后列示了模型的检验及其他信息，基于这些参数来判断模型选择的有效性。

$\rho_{\mu a}^1$ 和 $\rho_{\mu n}^2$ 分别表示选择方程随机误差项与病虫害防治外包与未外包农户结果方程随机误差项之间的相关系数。可以发现 $\rho_{\mu a}^1$ 的估计值在1%统计水平上显著，表明样本存在"自选择"问题，如果不进行纠正，估计结果将会有偏差。此外，独立模型 LR 检验值为 6.11。且在 5% 统计水平上显著，而 Wald 卡方值为 530.150 且在 1% 统计水平上显著，拒绝选择方程与结果方程相互独立的原假设，表明小麦种植户病虫害防治外包行为决策会受到不可观测因素的影响。综上表明，本章在估计小麦种植户病虫害防治外包对农户家庭收入影响时运用 ESR 模型是合理且必要的，可以得出更为精确的研究结论。

本章选择"本村服务供给方"作为"病虫害防治外包决策"的工具变量，工具变量检验中得出二者之间的皮尔逊相关系数为 0.585 且在 1% 统计水平上显著，说明"本村服务供给方"与"病虫害防治外包决策"具有较强的相关性。在进一步的弱工具变量检验中得到 Shea's partial R^2 值为 0.263，同时 F 统计量为 150.521，且 F 统计量的 P 值为 0.000，如此证实了不存在弱工具变量问题。此外，如表 4-3 所示，本村服务供给方在 1% 统计水平上显著正向影响农户病虫害防治外包决策行为。综上阐明，工具变量的选择是合理的。

2. 选择方程的 ESR 模型估计结果：农户病虫害防治外包决策模型估计结果分析

模型估计第一阶段，即小麦种植户病虫害防治外包行为决策影响因素的估计结果如表 4-3 第 2 列和第 3 列所示。

决策者个人特征中，受教育程度对农户病虫害防治外包决策具有显著的正向影响。同时，社会网络能够有效促进农户采纳病虫害防治外包服务。这是由于社会网络是农户获取生产经营信息的重要渠道，社会网络越强，农户在社会网络中与其他农户共享技术信息的机会越大，进而提高其病虫害防治外包服务的采用率（Ramirez 和 Ana，2013；冯晓龙和霍学喜，

2016）。

家庭人力资本特征方面，劳动力比例对小麦种植户采纳病虫害防治外包具有显著正向的影响。劳动力比例较高，说明家庭人口数量相同的情况下家庭劳动力数量较多，通常而言，劳动力资源越充分，其选择病虫害防治外包的可能性就越小，但本章所得结论却与此相反。可能的原因是，调研区域中家庭劳动力比例较高的家庭往往是年迈的夫妻家庭，虽然他们年龄较大但仍从事农业生产等劳动，但也正是由于年龄较大、体力受限，因而更加倾向于采纳病虫害防治外包服务。

家庭生产经营特征中，土地细碎化程度对小麦种植户采纳病虫害防治外包具有显著负向的影响。

村庄特征中，田地间交通情况能够有效促进农户采纳病虫害防治外包服务。这是因为田地间交通情况决定了外包作业的难易度，田地间交通情况越好，服务组织开展服务的便利性越强，作业服务的效率越高，外包服务供给的可能性也会更高。

本村服务供给方作为病虫害防治外包决策的工具变量，对小麦种植户采纳病虫害防治外包具有显著正向的影响，且在1%显著性水平上显著。即在其他因素保持不变的情况下，农户所在村庄有小麦病虫害防治外包服务供给方会明显激励农户采纳病虫害防治外包服务。

3. 结果方程的 ESR 模型估计结果：农户家庭收入模型估计结果分析

模型估计第二阶段，即病虫害防治外包农户家庭收入影响因素的估计结果如表 4-3 第 4 列和第 5 列所示，而病虫害防治未外包农户家庭收入影响因素的估计结果如表 4-3 第 6 列和第 7 列所示。

决策者个人特征中，受教育程度仅对病虫害防治外包农户的家庭人均纯收入具有显著正向的影响。正如前文所言，受教育程度越高，农户获取非农就业的能力与机会越高，从而可以带来更高的家庭纯收入。

家庭人力资本特征方面，劳动力比例对病虫害防治外包与未外包农户的家庭人均纯收入有显著的正向影响。劳动力比例越高，说明家庭劳动力资源相对充裕，能够为家庭创造更多财富。非农就业人口比例也能对控制

第四章 病虫害防治外包对农户家庭收入的影响——基于家庭收入结构视角

组农户与对照组农户的家庭人均纯收入产生显著正向的影响。家庭非农就业人口比例越高,则表明家庭工资性收入就会相应增多,从而实现农户家庭增收。劳动力老龄化程度与劳动力女性化程度仅对病虫害防治未外包农户的家庭人均纯收入具有显著负向的影响。主要是由于老年劳动力和女性劳动力为弱质劳动力,这类劳动群体不仅面临非农就业机会相对较少的窘境,同时他们在农业生产中也颇具劣势,从而导致家庭劳动要素短缺,因而为家庭增收带来负面作用。

家庭生产经营特征中,家庭人均经营规模对病虫害防治外包与未外包农户的家庭人均纯收入都有显著的正向影响。一方面,耕地是农业生产中最基本且最重要的生产要素,对于农户而言,经营规模越大意味着获得更多农业经营性收入的可能性就越大,从而能够创造更高的家庭福利;另一方面,经营规模较大的农户在市场中具有较强的谈判权,可以有效实现节本增效,也能有效促进家庭纯收入提升(徐玉婷等,2016)。

村庄特征中,本村与县城距离正向影响病虫害防治外包农户的家庭人均纯收入。相较于县城附近的农户而言,农户所在村庄与县城距离越远则越难以在就近县城获得非农就业机会,因而更倾向于外出务工(王玉斌和王鹏程,2022),从而获得更高的收入。田地间交通情况负向影响病虫害防治外包农户的家庭人均纯收入。主要是因为田地间交通情况越好表明农户所在村域的基础设施越好,其在农村生产生活可以获得较高的幸福感,因而农户外出务工的意愿更低。

表4-3 病虫害防治外包对农户家庭收入影响的 ESR 估计结果

变量名称	选择方程		结果方程			
			病虫害防治外包农户		病虫害防治未外包农户	
	系数	标准误	系数	标准误	系数	标准误
决策者个人特征						
年龄	0.001	0.011	-0.060	0.080	-0.021	0.058
受教育程度	0.106***	0.032	1.019***	0.216	0.172	0.164
社会网络	0.240***	0.088	0.615	0.857	0.140	0.447

续表

变量名称	选择方程		结果方程			
			病虫害防治外包农户		病虫害防治未外包农户	
	系数	标准误	系数	标准误	系数	标准误
家庭人力资本特征						
劳动力比例	0.617*	0.373	14.576***	2.796	10.357***	1.943
劳动力非农就业比例	0.503**	0.250	17.031***	1.858	17.525***	1.413
劳动力老龄化程度	−0.197	0.263	−2.860	2.015	−3.141**	1.369
劳动力女性化程度	0.114	0.538	−2.805	4.004	−8.570***	2.878
家庭生产经营特征						
人均经营规模	0.006	0.008	0.863***	0.049	0.808***	0.052
土地细碎化程度	−2.816***	0.627	1.041	5.246	−2.412	2.848
参与合作社	0.295*	0.168	1.296	1.395	−1.003	0.885
生产性资产状况	−0.014	0.019	0.062	0.129	0.001	0.104
村庄特征						
本村与县城距离	0.001	0.014	0.160*	0.093	0.025	0.074
田地间交通情况	0.489***	0.087	−1.648**	0.827	−0.172	0.476
地区特征						
地区虚拟变量	−0.111	0.164	−2.139	1.349	−0.303	0.913
工具变量						
本村服务供给方	1.720***	0.159	—	—	—	—
常数项	−4.971***	0.966	−5.694	8.640	1.995	4.892
检验及其他信息						
$ln\sigma_{\mu a}^{1}$	—	—	1.987***	0.057	—	—
$\rho_{\mu a}^{1}$	—	—	−0.392***	0.144	—	—
$ln\sigma_{\mu n}^{2}$	—	—	—	—	2.017***	0.038
$\rho_{\mu n}^{2}$	—	—	—	—	−0.193	0.203
独立模型 LR 检验			6.110** [0.047]			
Wald			530.150***			
对数似然值			−2069.896			
样本量	552		193		359	

注:*、**、*** 分别表示在10%、5%、1%的显著水平;"[ ]"内数值为相应检验的概率 P 值。

4. 病虫害防治外包对农户家庭收入影响的平均处理效应

基于 ESR 模型结果,进一步测算出病虫害防治外包对农户家庭收入影响的平均处理效应,如表 4-4 所示。总体而言,病虫害防治外包对农户家庭年人均纯收入有正向的处理效应,且在 1% 统计水平上显著。具体来看,ATT 值的估计结果显示,对于实际采纳病虫害防治外包服务的农户来说,倘若不再采纳病虫害防治外包服务,则其收入由 20 603 元下降至 16 838 元,减少了 3 765 元。而 ATU 值的估计结果显示,对于实际未采纳病虫害防治外包服务的农户来说,倘若采纳病虫害防治外包服务,则其收入由 14 278 元上升至 18 085 元,增加了 3 807 元。综上,病虫害防治外包对于农户家庭增收具有积极的促进作用,研究假说 2-1 得到验证。

表 4-4 病虫害防治外包对农户家庭收入影响的平均处理效应

类型	农户类型	病虫害防治外包	病虫害防治未外包	ATT	ATU
农户纯收入(千元)	病虫害防治外包农户	20.603 (0.952)	16.838 (0.849)	3.765*** (1.275)	—
	病虫害防治未外包农户	18.085 (0.595)	14.278 (0.499)	—	3.807*** (0.777)

注:*、**、*** 分别表示在 10%、5%、1% 的显著水平;"( )" 内数值为标准误。

二、病虫害防治外包对农户家庭收入结构的影响分析

本部分继续使用 ESR 模型分别估计病虫害防治外包对农户家庭年人均种植业净收入及年人均纯工资性收入的影响及平均处理效应,如表 4-5 所示。

1. 病虫害防治外包对农户家庭种植业收入影响的处理效应

如表 4-5 所示,病虫害防治外包对农户家庭年人均种植业净收入的处理效应未通过显著性检验。可能的原因在于小麦种植户采纳病虫害防治外包需要支付额外的服务费用,尤其在当前,服务组织发育不够成熟,病虫害防治的服务费用仍相对较高。如此一来生产成本的增加可能会抵消由专业分工所带来的节本增效效应,因而未能对家庭年人均种植业净收入产生

显著的处理效应，研究假说 2-2a 得到验证。

2. 病虫害防治外包对农户家庭工资性收入影响的处理效应

如表 4-5 所示，病虫害防治外包对农户家庭年人均纯工资性收入具有显著正向的处理效应。具体来看，ATT 值的估计结果满足 5% 统计显著，该值表明对于实际采纳病虫害防治外包服务的农户来说，倘若不再采纳病虫害防治外包服务，则其家庭年人均纯工资性收入由 10291 元下降至 8722 元，减少了 1569 元。而 ATU 值的估计结果满足 1% 统计显著，该值显示对于实际未采纳病虫害防治外包服务的农户来说，倘若采纳病虫害防治外包服务，则其家庭年人均纯工资性收入由 7440 元上升至 9758 元，增加了 2318 元。综上，病虫害防治外包对于农户家庭年人均纯工资性收入具有积极的促进作用。研究假说 2-2b 得到验证。

表 4-5 病虫害防治外包对农户家庭收入结构影响的平均处理效应

类型	农户类型	病虫害防治外包	病虫害防治未外包	ATT	ATU
农户种植业净收入（千元）	病虫害防治外包农户	9.109 (0.874)	8.823 (0.860)	0.286 (1.226)	—
	病虫害防治未外包农户	6.958 (0.447)	6.217 (0.439)	—	0.741 (0.627)
农户纯工资性收入（千元）	病虫害防治外包农户	10.291 (0.556)	8.722 (0.518)	1.569** (0.760)	—
	病虫害防治未外包农户	9.758 (0.443)	7.440 (0.389)	—	2.318*** (0.589)

注：*、**、*** 分别表示在 10%、5%、1% 的显著水平；"（）"内数值为标准误。

三、病虫害防治外包对农户家庭收入的影响机制分析

基于以上研究，本部分旨在深入剖析病虫害防治外包对农户家庭收入的影响机制。正如前文理论分析框架所述，病虫害防治外包主要通过两条路径影响农户家庭收入：一是专业分工路径，即通过专业分工提升农业生产效率，实现节本增产（杨子等，2019），有利于提高农业生产要素的利

用效率（王志刚等，2011），从而有助于农户增收；二是资源配置路径，即通过优化农户家庭劳动力资源配置，增加劳动力外出务工时间，进而提高农户家庭收入（Sun et al.，2018）。有鉴于此，本部分借鉴江艇（2022）的研究，运用普通最小二乘法（OLS）实证分析验证上述两条路径，相关结果如表4-6所示。

1. 专业分工路径检验

检验专业分工路径时，因变量为要素利用率，核心自变量为病虫害防治外包决策，检验结果如表4-6第2列所示。检验得出，病虫害防治外包对要素利用率的影响系数为9.525且满足1%统计显著性，表明病虫害防治外包对要素利用率具有显著正向的促进作用。综上可知，病虫害防治外包对农户家庭收入的正向促进作用，要通过提高要素利用率这条路径实现，研究假说2-3a得到验证。

2. 资源配置路径检验

检验资源配置路径时，因变量为外出务工时间，核心自变量为病虫害防治外包决策，检验结果如表4-6第3列所示。检验得出，病虫害防治外包对外出务工时间的影响系数为0.876且满足1%统计显著性，表明病虫害防治外包对外出务工时间具有显著正向的促进作用。由此可见，病虫害防治外包对农户家庭收入影响的正向促进作用要通过资源配置这条路径实现，研究假说2-3b得到验证。

表4-6 病虫害防治外包对农户家庭收入的影响机制

	专业分工路径	资源配置路径
	要素利用率	外出务工时间
病虫害防治外包决策	9.525*** (0.899)	0.876*** (0.317)
控制变量	已控制	已控制
常数项	24.967*** (3.936)	-0.098 (1.635)
样本量	552	552

注：*、**、***分别表示在10%、5%、1%的显著水平；"（）"内数值为稳健标准误。

四、病虫害防治外包对不同收入水平农户增收效应的异质性分析

前文证实了病虫害防治外包的增收效应及其作用机制，但尚未明确病虫害防治外包对不同收入水平农户增收效应的差异，亦不能明确这种增收效应是作为"马太效应"抑或"益贫效应"的动态变化趋势。为此，本部分继续使用"本村服务供给方"作为"病虫害防治外包决策"的工具变量，并运用 IVQR 模型探究病虫害防治外包的增收效应差异及不同作用趋势，选取分位数点为 10%、30%、50%、70%和 90%①。

如表 4-7 所示，病虫害防治外包对不同分位点上收入农户的增收效应存在显著差异。在 10%、30%和 50%分位点，病虫害防治外包决策的估计系数分别为 5.092、4.855 和 4.694，且均在 1%统计水平上显著；在 70%分位点，估计系数为满足 10%统计显著性的 4.470；而在 90%分位点，估计系数为 4.077，但未通过显著性检验。如此表明，随着家庭人均纯收入分位点的上升，病虫害防治外包的增收效应逐渐减弱。即病虫害防治外包更有利于提高低收入水平农户的家庭纯收入，产生了较好的"益贫效应"而非"马太效应"，对于缩小农户之间的收入差距具有重要意义。可能的原因在于：一方面，收入较低的农户家庭其人力禀赋与技术禀赋也相对不足，病虫害防治外包可以有效弥补其技术缺陷，从而更容易从专业分工效应中获取更多的产能与效益；另一方面，低收入农户家庭的非农就业比例相对较低，病虫害防治外包对于释放低收入家庭剩余劳动力的功效更为显著，从而更容易从资源配置效应中获得更高的边际收益。研究假说 2-4 得到验证。

表 4-7 病虫害防治外包对不同收入水平农户增收效应的 IVQR 估计结果

变量名称	10%分位点	30%分位点	50%分位点	70%分位点	90%分位点
病虫害防治外包决策	5.092*** (1.856)	4.855*** (1.437)	4.694*** (1.761)	4.470* (2.689)	4.077 (4.685)

---

① 某一分位数点值表示被解释变量数值低于该分位点的样本数占全部样本数的比例。

续表

变量名称	10%分位点	30%分位点	50%分位点	70%分位点	90%分位点
控制变量	已控制	已控制	已控制	已控制	已控制
常数项	-5.433 (6.008)	-4.138 (4.326)	-3.260 (3.912)	-2.031 (4.681)	0.117 (8.085)
样本量	552	552	552	552	552

注：*、**、***分别表示在10%、5%、1%的显著水平；"（）"内数值为稳健标准误。

五、稳健性检验

为检验实证结果的稳健性，本部分使用"本村服务供给方数量[①]"为工具变量，继续采用 ESR 模型与 IVQR 模型检验回归结果的稳健性，结果如表4-8和表4-9所示。由表4-8可以发现：病虫害防治外包对农户家庭纯收入具有正向的处理效应，ATT 值和 ATU 值分别为 4.143 和 3.860，且均在1%统计水平上显著；就家庭收入结构而言，病虫害防治外包对农户家庭种植业净收入不具有显著的处理效应，ATT 值和 ATU 值分别为 0.298 和 0.869，均未通过显著性显著。而病虫害防治外包对农户家庭纯工资性收入具有正向的处理效应，ATT 值和 ATU 值分别为 2.701 和 2.129，且均在1%统计水平上显著。由表4-9可以发现：在10%、30%和50%分位点，病虫害防治外包决策的估计系数分别为 5.802、5.119 和 4.708，且均通过显著性检验，而在70%和90%分位点的估计系数未通过显著性检验。综上，稳健性检验结果与基准回归结果相一致，只是估计值略有差距。因此，本章研究结论具有较好的稳健性与可信度。

[①] 限于篇幅，省略了"本村服务供给方数量"工具变量的有效性检验结果，其中"本村服务供给方数量"与"病虫害防治外包决策"之间的皮尔逊相关系数为 0.573 且在1%统计水平上显著。而在进一步的弱工具变量检验中得到 Shea's partial R^2 值为 0.240，同时 F 统计量为 134.776，且 F 统计量的 P 值为 0.000，如此证实了不存在弱工具变量问题。

表 4-8 基准回归的稳健性检验结果

类型	农户类型	病虫害防治外包	病虫害防治未外包	ATT	ATU
农户纯收入（千元）	病虫害防治外包农户	20.605 (0.951)	16.462 (0.850)	4.143*** (1.276)	—
农户纯收入（千元）	病虫害防治未外包农户	18.138 (0.595)	14.278 (0.499)	—	3.860*** (0.776)
农户种植业净收入（千元）	病虫害防治外包农户	9.109 (0.874)	8.811 (0.860)	0.298 (1.226)	—
农户种植业净收入（千元）	病虫害防治未外包农户	7.086 (0.447)	6.217 (0.439)	—	0.869 (0.627)
农户纯工资性收入（千元）	病虫害防治外包农户	10.298 (0.556)	7.597 (0.521)	2.701*** (0.762)	—
农户纯工资性收入（千元）	病虫害防治未外包农户	9.568 (0.445)	7.439 (0.390)	—	2.129*** (0.591)

注：*、**、***分别表示在10%、5%、1%的显著水平；"（）"内数值为标准误。

表 4-9 异质性分析的稳健性检验结果

变量名称	10%分位点	30%分位点	50%分位点	70%分位点	90%分位点
病虫害防治外包决策	5.802** (2.383)	5.119*** (1.668)	4.708*** (1.777)	4.089 (2.593)	3.079 (4.502)
控制变量	已控制	已控制	已控制	已控制	已控制
常数项	-4.577 (7.401)	-3.102 (5.041)	-2.213 (4.281)	-0.875 (4.763)	1.305 (8.279)
样本量	552	552	552	552	552

注：*、**、***分别表示在10%、5%、1%的显著水平；"（）"内数值为稳健标准误。

第五节 本章小结

病虫害防治外包对于农户家庭增收具有积极的促进作用。具体而言，在反事实情境下，实际采纳病虫害防治外包服务的农户倘若不采纳服务，

第四章　病虫害防治外包对农户家庭收入的影响——基于家庭收入结构视角

则其家庭纯收入减少3765元；而实际未采纳病虫害防治外包服务的农户倘若采纳服务，则其家庭纯收入增加3807元。

病虫害防治外包对农户家庭种植业净收入未产生显著的影响，但有助于提高农户家庭纯工资性收入。具体而言，在反事实情境下，实际采纳病虫害防治外包服务的农户倘若不采纳服务，则其家庭纯工资性收入减少1569元；而实际未采纳病虫害防治外包服务的农户倘若采纳服务，则其家庭纯工资性收入增加2318元。

病虫害防治外包是通过专业分工路径和资源配置路径来提高农户家庭纯收入的。

病虫害防治外包更有助于提高低收入水平农户的家庭纯收入，产生了较好的"益贫效应"而非"马太效应"，对于缩小农户之间的收入差距具有重要意义。

第五章 病虫害防治外包对农户农药施用的影响
——基于绝对与相对双重视角

第一节 引言

作为农业生产性服务业的关键环节,农业病虫害防治外包通过迂回方式将新要素和新技术引入农业生产之中,成为农药减量化的重要逻辑。第四章基于农户家庭收入结构视角验证了病虫害防治外包的经济效应,而本章将从绝对与相对双重视角出发,分析病虫害防治外包对农户农药施用强度及农药施用是否过量的影响,综合评价病虫害防治外包的生态效应,以期为促进农药减量化生产、推进农业高质量发展提供政策支持。

第二节 变量选择与数据描述

一、变量选择

1. 农户农药边际生产率测算的变量选择

估计要素投入与产出之间的生产关系时,一般有两种选取指标的思路:第一种去除价格因素,探讨要素投入量与产品产出量之间的关系(Jha and Regmi, 2009);另一种涵盖价格因素,探讨要素投入成本与产品产出价值之间的关系（朱淀等，2014；王建华等，2018）。然而，农药种类繁多，价格不一，再加之成分与含量存有差异，因而在实际调研中难以统计其投入量。有鉴于此，本文选择包含价格因素的第二种处理方式，以各种要素的投入成本和小麦产值为变量来估计农药边际生产率。

（1）产出变量

本文综合考虑价格信息，采用农户单位面积的小麦产值（元/亩）作为产出变量。

（2）生产性投入变量

借鉴朱淀等（2014）、姜健等（2017）的相关研究，将农户单位面积的小麦种子投入成本、肥料投入成本、燃料水电投入成本、劳动力投入成本及机械作业投入成本5个变量作为生产性投入变量。值得注意的是，劳动力投入成本为农户小麦生产中雇佣劳动力投入成本与自家劳动力投入成本之和，而自家劳动力投入成本由当地劳动力平均工资与自家劳动投入工日相乘所得。

（3）损害控制投入变量

不同于其他生产要素，农药具有稳产效应而非增产效应。为此本文构建损害控制模型，并将农户单位面积的农药投入成本（元/亩）作为损害控制投入变量，从而更为精确地测算农药边际生产率。

（4）环境变量

借鉴朱淀等（2014）、秦诗乐和吕新业（2020）的相关研究，选用技术培训、参与合作社、灌溉便利程度三个变量作为环境变量。

2. 病虫害防治外包对农户农药施用影响的变量选择

（1）被解释变量

本研究从绝对视角与相对视角两个方面分析农户农药施用情况。绝对视角中，借鉴陈欢等（2017）、张倩等（2019）的研究，将农药施用强度作为被解释变量，即小麦种植过程中的亩均农药投入成本（元/亩）。相对视角中，借鉴朱淀等（2014）、李昊等（2017）、姜健等（2017）、秦诗乐和吕新业（2020）的研究，将农药施用是否过量作为被解释变量，该变量为二元变量，由损害控制模型测算得出，若农户过量施用农药则赋值为 1，否则赋值为 0。

(2) 处理变量

本章处理变量为病虫害防治外包决策，借鉴应瑞瑶和徐斌（2014）、Sun et al.（2018）、孙顶强和邢钰杰（2022）的做法，采用虚拟变量量化分析病虫害防治外包行为决策。将其界定为：在 2021 年小麦生产过程中，农户是否采纳病虫害防治外包服务。若采纳则处理变量赋值为 1，为处理组；否则赋值为 0，为对照组。

(3) 控制变量

借鉴赵连阁和蔡书凯（2013）、朱淀等（2014）、应瑞瑶和朱勇（2015）、陈欢等（2017）、李昊等（2017）、应瑞瑶和徐斌（2017）、姜健等（2017）、黄炎忠和罗小锋（2018）、高晶晶和史清华（2019）、张倩等（2019）、齐琦等（2020）、秦诗乐和吕新业（2020）、Ma and Zheng（2021）、闫阿倩等（2021）、Liu and Wu（2022）、郑纪刚和张日新（2022）的研究成果，选取决策者个人特征、家庭禀赋特征、家庭生产经营特征、感知与认知特征、地区特征 5 个方面 14 个变量作为控制变量。其中决策者个人特征包括年龄、受教育程度、风险规避程度及兼业情况 4 个变量；家庭禀赋特征包括劳动力禀赋与家庭总收入 2 个变量；家庭生产经营特征包括人均经营规模、土地细碎化程度、参与合作社及种植目的 4 个变量；感知与认知特征包括中毒感知、健康认知、环境认知 3 个变量；地区特征包括地区虚拟变量 1 个变量，旨在控制不同区域之间自然禀赋、经济发展、技术水平等特征的影响。

(4) 工具变量

为保证模型可识别，本章借鉴同群效应的相关研究（Smith et al.，2004；Ma and Abdula，2016），选取"朋友病虫害防治外包决策"作为"病虫害防治外包决策"的工具变量，并将其界定为：本村与您年龄相仿、受教育程度相近的朋友是否采纳病虫害防治外包服务。

二、描述性统计

对本章中农药边际生产率测算模型的相关变量进行的界定及描述性统计分析如表5-1所示。可以发现,产出变量中,小麦亩均产值的平均值为1249.633元/亩,其最小值和最大值分别为800元/亩和1960元/亩;生产性投入变量中,小麦亩均种子、肥料、燃料水电、劳动力及机械作业投入的平均值分别为75.139元/亩、189.775元/亩、21.563元/亩、135.558元/亩和133.580元/亩;损害控制投入变量中,小麦亩均农药投入的均值为49.549元/亩,其最小值和最大值分别为20元/亩和80元/亩;环境变量中,受访者参与小麦生产技术培训的平均值为1.033次,其最小值和最大值分别为0次和6次。占样本61.6%的340户小麦种植户参与了农民专业合作社,而其余占样本38.4%的212户小麦种植户未参与合作社。此外,农田灌溉便利程度的均值为3.310。

表5-1 农药边际生产率测算模型的变量界定

变量名称	变量定义与赋值	均值	标准差	最小值	最大值
产出变量					
小麦种植收入	小麦亩均产值(元/亩)	1249.633	217.356	800.000	1960.000
生产性投入变量					
种子投入	小麦亩均种子成本(元/亩)	75.139	16.238	40.000	115.000
肥料投入	小麦亩均肥料成本(元/亩)	189.775	34.903	100.000	294.000
燃料水电投入	小麦亩均燃料水电成本(元/亩)	21.563	18.088	0.000	90.000
劳动力投入	小麦亩均劳动力成本(元/亩)	135.558	99.690	0.000	584.615
机械作业投入	小麦亩均机械作业成本(元/亩)	133.580	62.659	0.000	270.000
损害控制投入变量					
农药投入	小麦亩均农药成本(元/亩)	49.549	13.194	20.000	80.000
环境变量					
技术培训	2021年,参与小麦生产技术培训次数(次)	1.033	1.366	0.000	6.000

续表

变量名称	变量定义与赋值	均值	标准差	最小值	最大值
参与合作社	是否参与合作社：是=1；否=0	0.616	0.487	0.000	1.000
灌溉便利程度	农田灌溉便利程度：非常不便利=1；不便利=2；一般=3；便利=4；非常便利=5	3.310	1.014	1.000	5.000

数据来源：笔者根据鲁、豫小麦种植户调研数据整理获得，2022年。

对本章中病虫害防治外包对农户农药施用影响模型的相关变量进行的界定及描述性统计分析如表5-2所示。可以发现，被解释变量中，小麦种植户农药施用强度的平均值为49.549元/亩，其最小值和最大值分别为20元/亩和80元/亩；受访农户中，占样本73.2%的404户小麦种植户在小麦种植过程中过量施用农药，而其余占样本26.8%的148户小麦种植户未过量施用农药，这与当前我国小农户普遍过量施药的现实情况相吻合。处理变量中，占样本35.0%的193户小麦种植户采纳了病虫害防治外包服务，而其余占样本65.0%的359户小麦种植户未采纳病虫害防治外包服务，表明当前农户对于病虫害防治外包服务的采纳程度仍然较低。控制变量中，决策者个人特征方面，受访决策者年龄、受教育程度、风险规避程度的平均值分别为53.723岁、2.772岁、0.623岁，与当前农户老龄化程度较高、文化水平较低、风险规避程度较高的现状相符；另外，占样本42.4%的234位受访者兼业，而其余占样本57.6%的318位受访者未兼业。家庭特征方面，农户家庭劳动力禀赋及家庭总收入的平均值为2.576人和6.371万元。生产经营特征方面，农户人均小麦经营规模及土地细碎化程度的平均值分别为7.101亩和0.274块/亩。占样本61.6%的340户小麦种植户参与了合作社，而其余占样本38.4%的212户小麦种植户未参与合作社，表明鲁、豫两省小麦种植户的组织化程度较高，这与实际情况相符。占样本45.8%的253户小麦种植户将其所种植的小麦自留一部分作为口粮，而其余占样本54.2%的299户小麦种植户未将其所种植的小麦作为口粮。感知与认知特征中，农户施药中毒感知、健康认知、环境认知的平均值分别为1.685、2.239、2.299，表明农户的认知水平仍然较低。工具变量中，占样

第五章 病虫害防治外包对农户农药施用的影响——基于绝对与相对双重视角

本47.8%的264户小麦种植户表示本村与其年龄相仿、受教育程度相近的朋友采纳了小麦病虫害防治外包服务,而其余占样本52.2%的288户小麦种植户却表示本村与其年龄相仿、受教育程度相近的朋友未采纳小麦病虫害防治外包服务。

表5-2 病虫害防治外包对农户农药施用影响模型的变量界定

变量名称	变量定义与赋值	均值	标准差	最小值	最大值
被解释变量					
农药施用强度	小麦亩均农药成本（元/亩）	49.549	13.194	20.000	80.000
农药施用是否过量	小麦农药施用是否过量：是=1；否=0	0.732	0.443	0.000	1.000
处理变量					
病虫害防治外包决策	2021年小麦生产过程中,农户是否采纳病虫害防治外包服务：是=1；否=0	0.350	0.477	0.000	1.000
控制变量					
决策者个人特征					
年龄	受访者实际年龄（周岁）	53.723	9.669	32.000	78.000
受教育程度	受访者受教育程度：未上过学=1；小学=2；初中=3；高中、中专或职高=4；大专及以上=5	2.772	0.732	1.000	5.000
风险规避程度	由调研数据计算得出：极端风险规避者=1；极端风险偏好者=0	0.623	0.248	0.000	1.000
兼业情况	受访者是否兼业：是=1；否=0	0.424	0.495	0.000	1.000
家庭禀赋特征					
劳动力禀赋	家庭自有劳动人数（人）	2.576	0.892	1.000	5.000
家庭总收入	2021年,家庭年收入（万元）	6.371	5.496	0.190	35.000
家庭生产经营特征					
人均经营规模	2021年,家庭人均小麦种植面积（亩）	7.101	11.105	0.333	80.500
土地细碎化程度	亩均地块数,即小麦地块数/小麦种植面积（块/亩）	0.274	0.159	0.016	1.000

续表

变量名称	变量定义与赋值	均值	标准差	最小值	最大值
参与合作社	是否参与合作社：是=1；否=0	0.616	0.487	0.000	1.000
种植目的	农户种植小麦是否用于口粮：是=1；否=0	0.458	0.499	0.000	1.000
感知与认知特征					
中毒感知	以往施用农药时是否有皮肤疼、头疼、恶心、眼睛疼、无食欲、发烧等身体不适的感觉：没有感觉不舒服=1；感觉不舒服但未回家休息=2；感觉不舒服且回家休息=3；感觉不舒服且看医生=4	1.685	0.917	1.000	4.000
健康认知	施药对自身健康影响的认知：非常不同意=1；不同意=2；一般=3；同意=4；非常同意=5	2.239	1.035	1.000	5.000
环境认知	施药对农业环境污染影响的认知：非常不同意=1；不同意=2；一般=3；同意=4；非常同意=5	2.299	0.945	1.000	5.000
地区特征					
地区虚拟变量	受访者身处何地：河南=1；山东=0	0.505	0.500	0.000	1.000
工具变量					
朋友病虫害防治外包决策	本村与您年龄相仿、受教育程度相近的朋友是否采纳病虫害防治外包服务：是=1；否=0	0.478	0.500	0.000	1.000

数据来源：笔者根据鲁、豫小麦种植户调研数据整理获得，2022年。

三、均值差异性分析

病虫害防治外包农户与未外包农户在各变量上的均值差异如表5-3所示。其中，第2~3列表示病虫害防治外包农户在各变量上的均值及标准差，第4~5列表示病虫害防治未外包农户在各变量上的均值及标准差，第6列表示两组农户在各变量上的均值差异及其显著性。可以发现，两组农

第五章 病虫害防治外包对农户农药施用的影响——基于绝对与相对双重视角

户在各变量上具有显著差异。被解释变量中,相较于病虫害防治未外包农户,病虫害防治外包农户的农药施用强度更低,同时也更不可能过量施药,且两类农户之间的差异在1%的显著性水平上通过t检验。控制变量中,病虫害防治外包农户其生产决策者的年龄更小、受教育程度更高、风险规避程度更低且更有可能兼业;在家庭禀赋特征方面,其家庭总收入更高;在家庭生产经营特征方面,其经营规模更大、土地细碎化程度更低、更可能参与合作社,且更有可能自留小麦作为口粮;在感知与认知特征方面,其施药中毒感知、健康认知及环境认知均较高。值得注意的是,工具变量中,病虫害防治外包农户的朋友采纳病虫害防治外包服务的概率远远高于病虫害防治未外包农户,表明工具变量与被解释变量之间具有较强的相关性,但工具变量的有效性仍然需要进一步检验。据此,可以大致判断出病虫害防治外包能够减少农户的农药施用强度及过量施用农药的可能性,即带来正向的生态效应。但简单的均值差异t检验,并不能说明病虫害防治外包服务与农户农药施用之间的因果关系,尚需采用更加严谨的计量方法,从而更加精确地估计出病虫害防治外包服务的生态效应。

表5-3 病虫害防治外包农户与病虫害防治未外包农户的均值差异

变量名称	病虫害防治外包农户		病虫害防治未外包农户		均值差异
	均值	标准差	均值	标准差	
被解释变量					
农药施用强度	40.881	10.622	54.209	12.048	−13.328*** (−12.906)
农药施用是否过量	0.451	0.499	0.883	0.322	−0.432*** (−12.328)
控制变量					
决策者个人特征					
年龄	52.518	9.211	54.370	9.858	−1.852** (−2.153)
受教育程度	3.016	0.711	2.641	0.710	0.375*** (5.912)
风险规避程度	0.487	0.229	0.696	0.226	−0.209*** (−10.315)
兼业情况	0.492	0.501	0.387	0.488	0.105** (2.389)
家庭禀赋特征					
劳动力禀赋	2.554	0.847	2.588	0.917	−0.033 (−0.418)

续表

变量名称	病虫害防治外包农户		病虫害防治未外包农户		均值差异
	均值	标准差	均值	标准差	
家庭总收入	7.791	6.092	5.607	4.992	2.184*** (4.531)
家庭生产经营特征					
人均经营规模	8.793	13.635	6.192	9.367	2.602*** (2.639)
土地细碎化程度	0.212	0.127	0.308	0.164	-0.096*** (-7.068)
参与合作社	0.798	0.403	0.518	0.500	0.280*** (6.691)
种植目的	0.477	0.501	0.448	0.498	0.028 (0.634)
感知与认知特征					
中毒感知	2.368	0.954	1.318	0.647	1.050*** (15.316)
健康认知	2.622	1.131	2.033	0.918	0.588*** (6.610)
环境认知	2.435	1.009	2.226	0.901	0.210** (2.498)
地区特征					
地区虚拟变量	0.420	0.495	0.552	0.498	-0.132*** (-2.973)
工具变量					
朋友采纳病虫害防治外包决策	0.715	0.453	0.351	0.478	0.364*** (8.692)
样本量	193		359		552

注：*、**、***分别表示在10%、5%、1%的显著水平；"（）"内数字为均值差异对应的T值。

第三节 模型构建与变量选择

一、农户农药边际生产率测算：损害控制模型

在早期关于要素投入生产率的相关文献中，学者们把农药视为直接生产要素，多采用C-D生产函数进行估计（Headley，1968；Carpentier and Weaver，1995）。然而，C-D生产函数设定要素产出弹性不变，与实际生产要素边际生产率递减规律相悖。如图5-1所示，传统C-D生产函数所估

第五章 病虫害防治外包对农户农药施用的影响——基于绝对与相对双重视角

计的农药边际生产率与实际的农药边际生产率存在很大差异。

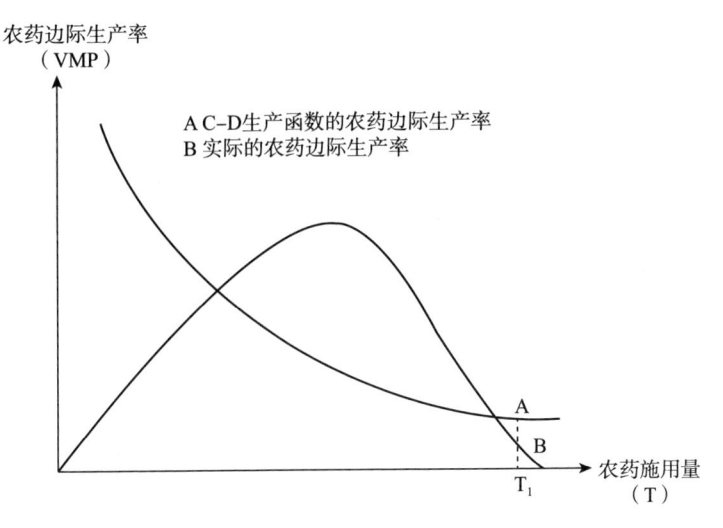

图 5-1 传统 C-D 生产函数估计农药边际生产率的偏误

为克服以上缺陷,准确测算农药边际生产率,Lichtenberg and Zilberman(1986)将农药视为损害控制投入并构建了损害控制模型。因此,为形成对比,本文特设定 C-D 生产函数模型与损害控制模型来测算农药边际生产率,模型设定分别如式(5-1)和式(5-2):

$$\ln(Q_i) = \beta_0 + \sum \beta_n \ln(X_{ni}) + \sum \rho_m M_{mi} + \rho_0 \ln(T_i) + \varepsilon_i \quad (5-1)$$

$$\ln(Q_i) = \beta_0 + \sum \beta_n \ln(X_{ni}) + \sum \rho_m M_{mi} + \ln[G(T_i)] + \varepsilon_i \quad (5-2)$$

式(5-1)和式(5-2)中,Q_i 表示第 i 个农户的小麦产值,X_{ni} 为除农药以外其他常规性生产要素的投入成本,M_{mi} 为环境变量,T_i 为农药施用成本,β_0、β_n、ρ_m、ρ_0 为待估参数,ε_i 为随机误差项。$G(T_i)$ 为损害控制分布函数,通常有如下四种分布形式(Talpaz and Borosh,1974;Lichtenberg and Zilberman,1986)。

帕累托分布(Pareto):

$$G(T) = 1 - K^\lambda T^{-\lambda} \quad (5-3)$$

指数分布(Exponential):

$$G(T) = 1 - e^{-\alpha T} \quad (5-4)$$

逻辑分布（Logistic）：

$$G(T) = [1+e^{(\mu-\sigma T)}]^{-1} \tag{5-5}$$

威布尔分布（Weibull）：

$$G(T) = 1-e^{-T^{\gamma}} \tag{5-6}$$

将式（5-1）和式（5-2）对 T_i 求偏导，那么基于 C-D 生产函数模型与损害控制模型测算的农药边际生产率 $MVP(T_i)$ 分别如式（5-7）和式（5-8）所示：

$$MVP(T_i) = \frac{\partial Q_i}{\partial T_i} = \rho_0 \frac{Q_i}{T_i} \tag{5-7}$$

$$MVP(T_i) = \frac{\partial Q_i}{\partial T_i} = \frac{Q_i}{G(T_i)} \times \frac{\partial G(T_i)}{\partial T_i} \tag{5-8}$$

二、病虫害防治外包对农户农药施用的处理效应：内生转换模型与内生转换 Probit 模型

本章采用 ESR 模型和 ESP 模型纠正样本选择偏差和内生性问题。在绝对视角，借鉴 Ma and Abdula（2016）、Ma et al.（2022）的研究，采用 ESR 模型并基于反事实框架检验病虫害防治外包对农户农药施用强度的影响；在相对视角，借鉴 Lokshin and Sajaia（2011）、Abdulai and Huffman（2014）及 Ma and Abdulai（2018）的研究，采用 ESP 模型在反事实框架下实证分析病虫害防治外包对农户农药施用是否过量的影响。

1. 病虫害防治外包对农户农药施用强度的处理效应：内生转换模型

ESR 模型为两阶段模型，其估计的基本思路是：在模型估计的第一阶段，使用极大似然估计，运用 Probit 模型或 Logit 模型估计选择方程，用以识别小麦种植户病虫害防治外包行为决策的影响因素；第二阶段，将第一阶段选择方程回归中所得的逆米尔斯比率及协方差带入结果方程，从而在第二阶段得到参数的一致估计。即在有效控制内生性问题的基础上，分别就处理组和对照组的收入方程进行回归。

选择方程：

第五章 病虫害防治外包对农户农药施用的影响——基于绝对与相对双重视角

$$O_i = \alpha X_i + \delta I_i + u_i \tag{5-9}$$

结果方程1（处理组，即病虫害防治外包农户组的农药施用强度决定方程）：

$$Y_{1i} = \beta_1 X_{1i} + \sigma_1 \lambda_{1i} + v_{1i} \tag{5-10}$$

结果方程2（控制组，即病虫害防治未外包农户组的农药施用强度决定方程）：

$$Y_{0i} = \beta_0 X_{0i} + \sigma_0 \lambda_{0i} + v_{0i} \tag{5-11}$$

在式（5-9）、式（5-10）和式（5-11）中，α、δ、β_1、σ_1、β_0 及 σ_0 为待估参数。O_i 表示农户病虫害防治外包行为决策，为二元选择变量。Y_{1i} 和 Y_{0i} 分别表示病虫害防治外包与未外包农户的农药施用强度。X_i、X_{1i} 和 X_{0i} 表示病虫害防治外包行为决策及农户农药施用强度的影响因素。u_i 为选择方程的随机误差项，而 v_{1i} 和 v_{0i} 为结果方程的随机误差项。λ_{1i} 和 λ_{0i} 为模型第一阶段估计选择方程时所得的逆米尔斯比率，用以处理由不可观测因素所引致的选择性偏误问题。σ_1 和 σ_0 则表示 u_i 与 v_{1i} 和 v_{0i} 的协方差，用来识别病虫害防治外包行为决策与农户农药施用强度之间的关系，若回归结果显著，则表明需要纠正选择性偏误，那么此时 β_1 和 β_0 则为一致估计量。值得注意的是，选择方程式（5-9）中 I_i 为工具变量。

农户病虫害防治外包行为决策有外包和未外包两种抉择，然而，同一个农户仅能做出其中一个选择，因此对于同一个农户来说，$O_i = 1$ 与 $O_i = 0$ 的结果不能被同时观测到。而ESR模型则可以通过反事实分析框架，比较分析真实情境下与反事实情境下病虫害防治外包农户与病虫害防治未外包农户的农药施用强度期望值，进而估计出病虫害防治外包对农户农药施用强度的处理效应。其中，真实情境下病虫害防治外包与未外包农户的农药施用强度期望值分别对应式（5-12）和式（5-13）。相应地，在反事实情境下病虫害防治外包农户若未外包，则其农药施用强度期望值如式（5-14），而病虫害防治未外包农户若外包，其农药施用强度期望值如式（5-15）。

$$E(Y_{1i} | O_i = 1) = \beta_1 X_{1i} + \rho_1 \sigma_1 \lambda_{1i} \tag{5-12}$$

$$E(Y_{0i} | O_i = 0) = \beta_0 X_{0i} + \rho_0 \sigma_0 \lambda_{0i} \tag{5-13}$$

$$E(Y_{0i} | O_i = 1) = \beta_0 X_{1i} + \rho_0 \sigma_0 \lambda_{1i} \tag{5-14}$$

$$E(Y_{1i}|O_i=0)=\beta_1 X_{0i}+\rho_1\sigma_1\lambda_{0i} \qquad (5-15)$$

式（5-12）、式（5-13）、式（5-14）和式（5-15）中，ρ_1 和 ρ_0 分别表示 u_i 与 v_{1i} 和 v_{0i} 的相关系数。那么，根据模型设定，病虫害防治外包农户农药施用强度的平均处理效应，即处理组的平均处理效应（Average treatment effect on the treated，ATT），则表示为式（5-12）与式（5-14）之差，如式（5-16）所示。相应地，病虫害防治未外包农户农药施用强度的平均处理效应，即控制组的平均处理效应（Average treatment effect on the untreated，ATU），则表示为式（5-15）与式（5-13）之差，如式（5-17）所示。

$$ATT=E(Y_{1i}|O_i=1)-E(Y_{0i}|O_i=1) \qquad (5-16)$$

$$ATU=E(Y_{1i}|O_i=0)-E(Y_{0i}|O_i=0) \qquad (5-17)$$

2. 病虫害防治外包对农户农药施用是否过量的处理效应：内生转换 Probit 模型

同样，ESP 模型估计也分为两个阶段，第一阶段用 Probit 模型估计小麦种植户病虫害防治外包的概率；第二阶段，把第一阶段回归计算出的逆米尔斯比率加入结果方程，估计病虫害防治外包对农户农药施用是否过量的影响。即在有效控制内生性问题的基础上，分别就处理组和对照组的农药施用是否过量方程进行回归。

选择方程：

$$O_i^*=\gamma Z_i+u_i, O_i=\begin{cases}1,\text{如果 } O_i^*>0\\0,\text{如果 } O_i^*\leq 0\end{cases} \qquad (5-18)$$

结果方程 1（处理组，即病虫害防治外包农户组的农药施用是否过量决定方程）：

$$Y_{Ti}^*=\beta_T X_{Ti}+\varepsilon_{Ti}, Y_{Ti}=\begin{cases}1,\text{如果 } Y_{Ti}^*>0\\0,\text{如果 } Y_{Ti}^*\leq 0\end{cases} \qquad (5-19)$$

结果方程 2（控制组，即病虫害防治未外包农户组的农药施用是否过量决定方程）：

第五章 病虫害防治外包对农户农药施用的影响——基于绝对与相对双重视角

$$Y_{Ni}^{*}=\beta_N X_{Ni}+\varepsilon_{Ni}, Y_{Ni}=\begin{cases}1, \text{如果 } Y_{Ni}^{*}>0 \\ 0, \text{如果 } Y_{Ni}^{*}\leq 0\end{cases} \quad (5-20)$$

式（5-18）、式（5-19）和式（5-20）中，γ、β_T 及 β_N 为待估参数。O_i 表示农户病虫害防治外包行为决策，为二元选择变量。O_i^* 为农户采纳病虫害防治外包的概率，是无法观察的潜变量。Z_i 是影响农户病虫害防治外包行为决策的相关变量。Y_{Ti}^* 和 Y_{Ni}^* 分别表示病虫害防治外包与未外包农户过量施用农药的概率，是无法观察的潜变量。Y_{Ti} 和 Y_{Ni} 分别表示病虫害防治外包与未外包农户农药施用是否过量，此数据由损害控制模型测算所得，如果过量施用农药，赋值为 1，否则赋值为 0。X_{Ti} 和 X_{Ni} 分别表示病虫害防治外包与未外包农户农药施用是否过量的影响因素。u_i 为选择方程的随机误差项，而 ε_{Ti} 和 ε_{Ni} 为结果方程的随机误差项，假设 u_i、ε_{Ti} 和 ε_{Ni} 均服从零均值、联合正态分布，则相关性矩阵可表示为：

$$\Omega=\begin{bmatrix} 1 & \rho_0 & \rho_1 \\ & 1 & \rho_{10} \\ & & 1 \end{bmatrix} \quad (5-21)$$

式（5-21）中，ρ_0 和 ρ_1 分别是 u_i 与 ε_{Ti} 和 ε_{Ni} 的相关系数，ρ_{10} 为 ε_{Ti} 和 ε_{Ni} 的相关系数。如果有不可观测的变量同时影响 u_i 和 ε_{Ti}（ε_{Ni}），导致 u_i 和 ε_{Ti}（ε_{Ni}）的协方差至少有一个不显著为 0，则表明模型存在选择性偏误。

基于 ESP 模型的估计结果，进一步运用反事实分析法，比较分析真实情境下与反事实情境下病虫害防治外包与未外包农户过量施用农药的概率，进而估计病虫害防治外包对农户农药施用是否过量的处理效应。处理组与对照组的处理效应分别如式（5-22）与式（5-23）所示：

$$TT(x)=Pr(Y_1=1|O=1,X=x)-Pr(Y_0=1|O=1,X=x)$$
$$=\frac{\Phi_2(X_1\beta_1,Z\gamma,\rho_1)-\Phi_2(X_0\beta_0,Z\gamma,\rho_0)}{F(Z\gamma)} \quad (5-22)$$

$$TU(x)=Pr(Y_1=1|O=0,X=x)-Pr(Y_0=1|O=0,X=x)$$
$$=\frac{\Phi_2(X_1\beta_1,-Z\gamma,-\rho_1)-\Phi_2(X_0\beta_0,-Z\gamma,-\rho_0)}{F(-Z\gamma)} \quad (5-23)$$

式（5-22）与式（5-23）中，$Pr(Y_1=1 \mid O=1, X=x)$ 与 $Pr(Y_0=1 \mid O=0, X=x)$ 表示真实情境下病虫害防治外包农户与未外包农户过量施用农药的概率。相应地，在反事实情境下病虫害防治外包农户若未外包则其过量施用农药的概率为 $Pr(Y_0=1 \mid O=1, X=x)$，而病虫害防治未外包农户若外包则其过量施用农药的概率为 $Pr(Y_1=1 \mid O=0, X=x)$。

根据模型设定，病虫害防治外包农户农药施用是否过量的平均处理效应，即处理组的平均处理效应（Average treatment effect on the treated，ATT）则表示为式（5-22）中 $TT(x)$ 的平均值，如式（5-24）所示。相应地，病虫害防治未外包农户农药施用是否过量的平均处理效应，即控制组的平均处理效应（Average treatment effect on the untreated，ATU），则表示为式（5-23）中 $TU(x)$ 的平均值，如式（5-25）所示。

$$ATT = \frac{1}{N_1} \sum_{i=1}^{N_1} TT(x_i) \qquad (5-24)$$

$$ATU = \frac{1}{N_0} \sum_{i=1}^{N_0} TU(x_i) \qquad (5-25)$$

第四节　实证检验与结果分析

一、农药边际生产率估计

基于损害控制模型为非线性模型，本文运用非线性最小二乘法对其进行估计，而对 C-D 生产函数模型则采用最小二乘法来估计。C-D 生产函数模型与分布函数为 Pareto 分布、Exponential 分布、Logistic 分布、Weibull 分布的损害控制模型的估计结果如表 5-4 所示。既有研究中广泛使用指数分布形式，但尚未有理论依据可以证明哪种形式最优，因而在实际估计中可依据数据性质来筛选（Jha and Regmi，2009）。

表 5-4 表明 C-D 生产函数模型与分布函数为 Exponential 分布的损害控制模型的变量系数大小相近。因而，本文依据便于计算、易于理解、对

第五章 病虫害防治外包对农户农药施用的影响——基于绝对与相对双重视角

数据拟合度较好的原则（Babcock et al., 1992），选择分布函数为 Exponential 分布的损害控制模型的估计结果做进一步的分析与讨论。估计结果显示，种子投入、化肥投入、燃料水电投入、技术培训、参与合作社与灌溉便利程度均为显著变量，且均具有显著的正向影响。值得注意的是，C-D 生产函数中农药对亩均小麦产值的影响未通过显著性检验，但在 Exponential 分布的损害控制模型中却显著，表明用 C-D 生产函数估计农户的农药边际生产率确实欠妥，这与朱淀等（2014）的研究结论相符。另外，C-D 生产函数中农药投入的系数虽不显著但显示为负，可能的原因在于农户施药时更多地凭借自身的传统经验和习惯，认为施药越多则产量越高，从而导致农户过量施药。

以表 5-4 中的估计结果为依据，利用式 (5-8) 计算各个农户的农药边际生产率。结果表明，鲁、豫 552 户小麦种植户中，占样本 73.2% 的 404 户小麦种植户在小麦种植过程中过量施药，而其余占样本 26.8% 的 148 户小麦种植户未过量施药，表明农药过量施用现象普遍存在。值得注意的是，本章计算农药边际生产率时未考虑农药残留对环境及人体健康等方面的负外部性影响，若考虑这些因素，则农户过量施用农药的概率则会更高。

表 5-4 C-D 生产函数模型与损害控制模型估计结果

变量	C-D 生产函数模型	损害控制模型			
		Pareto 分布	Exponential 分布	Logistic 分布	Weibull 分布
生产性投入变量					
种子投入	0.073** (0.032)	0.069** (0.032)	0.070** (0.032)	0.068** (0.032)	0.073** (0.032)
化肥投入	0.082** (0.039)	0.072* (0.039)	0.075* (0.039)	0.071* (0.039)	0.082** (0.039)
燃料水电投入	0.013*** (0.005)	0.013*** (0.005)	0.013*** (0.005)	0.013*** (0.005)	0.013*** (0.005)

续表

变量	C-D生产函数模型	损害控制模型			
		Pareto分布	Exponential分布	Logistic分布	Weibull分布
劳动力投入	-0.006 (0.005)	-0.009* (0.005)	-0.008 (0.005)	-0.010* (0.005)	-0.006 (0.005)
机械投入	0.001 (0.006)	0.001 (0.005)	0.001 (0.006)	0.001 (0.005)	0.001 (0.006)
损害控制投入变量					
农药投入	-0.003 (0.028)	—	—	—	—
环境变量					
技术培训	0.018*** (0.005)	0.017*** (0.005)	0.018*** (0.005)	0.017*** (0.005)	0.018*** (0.005)
参与合作社	0.037** (0.015)	0.040*** (0.015)	0.039*** (0.015)	0.040*** (0.015)	0.037** (0.015)
灌溉便利程度	0.030*** (0.007)	0.030*** (0.007)	0.030*** (0.007)	0.030*** (0.007)	0.030*** (0.007)
常数项	6.240*** (0.237)	6.309*** (0.230)	6.287*** (0.232)	6.316*** (0.229)	6.698*** (0.236)
K	—	17.238*** (1.361)	—	—	—
λ	—	7.175*** (2.522)	—	—	—
α	—	—	0.125*** (0.029)	—	—
μ	—	—	—	6.160** (2.557)	—
σ	—	—	—	0.339*** (0.113)	—
γ	—	—	—	—	-0.005 (0.046)
R^2	0.135	0.149	0.139	0.151	0.135

注：*、**、***分别表示在10%、5%、1%的显著水平；"（）"内数值为标准误。

二、病虫害防治外包对农户农药施用强度、农药施用是否过量影响的实证分析

1. 模型有效性检验

病虫害防治外包对农户农药施用强度、农药施用是否过量影响的 ESR 及 ESP 估计结果如表 5-5 所示。表格最后列示了模型的检验及其他信息，基于这些参数来判断模型选择的有效性。

表 5-5　病虫害防治外包对农户农药施用影响的 ESR 及 ESP 估计结果

变量名称	绝对视角：ESR 模型估计结果			相对视角：ESP 模型估计结果		
	选择方程	结果方程		选择方程	结果方程	
		病虫害防治外包农户	病虫害防治未外包农户		病虫害防治外包农户	病虫害防治未外包农户
决策者个人特征						
年龄	0.004 (0.009)	0.110 (0.082)	-0.160** (0.073)	0.004 (0.009)	0.013 (0.012)	-0.014 (0.011)
受教育程度	0.238** (0.114)	1.071 (0.990)	1.183 (0.959)	0.262** (0.114)	0.075 (0.152)	-0.016 (0.152)
风险规避程度	-2.304*** (0.368)	7.753** (3.394)	8.525*** (3.144)	-2.317*** (0.366)	1.004** (0.497)	0.934* (0.519)
兼业情况	-0.007 (0.171)	-0.707 (1.481)	-2.014 (1.426)	0.042 (0.173)	-0.078 (0.216)	0.084 (0.230)
家庭禀赋特征						
劳动力禀赋	-0.251** (0.106)	-0.423 (0.926)	0.428 (0.798)	-0.213** (0.107)	-0.020 (0.139)	0.189 (0.129)
家庭总收入	0.011 (0.022)	0.503*** (0.194)	0.032 (0.175)	0.005 (0.023)	0.064** (0.030)	-0.029 (0.027)
家庭生产经营特征						

续表

变量名称	绝对视角：ESR 模型估计结果			相对视角：ESP 模型估计结果		
	选择方程	结果方程		选择方程	结果方程	
		病虫害防治外包农户	病虫害防治未外包农户		病虫害防治外包农户	病虫害防治未外包农户
人均经营规模	-0.006 (0.010)	-0.150* (0.085)	-0.011 (0.092)	-0.006 (0.010)	-0.017 (0.014)	0.060*** (0.023)
土地细碎化程度	-1.983*** (0.656)	0.614 (6.698)	2.998 (4.464)	-1.976*** (0.668)	0.107 (1.054)	2.886*** (0.850)
参与合作社	0.522*** (0.179)	-1.859 (1.785)	-2.033 (1.305)	0.571*** (0.179)	-0.095 (0.263)	-0.118 (0.204)
种植目的	0.159 (0.158)	-7.342*** (1.411)	-3.191*** (1.232)	0.161 (0.158)	-1.164*** (0.223)	-0.674*** (0.203)
感知与认知特征						
中毒感知	0.899*** (0.095)	-1.742* (0.903)	-0.062 (1.166)	0.885*** (0.095)	-0.218 (0.151)	-0.021 (0.235)
健康认知	0.340*** (0.084)	1.122 (0.728)	-2.646*** (0.756)	0.331*** (0.085)	0.058 (0.117)	-0.399*** (0.111)
环境认知	-0.135 (0.085)	-2.637*** (0.787)	-0.649 (0.739)	-0.113 (0.086)	-0.445*** (0.132)	-0.113 (0.119)
地区特征						
地区虚拟变量	已控制	已控制	已控制	已控制	已控制	已控制
工具变量						
朋友采纳病虫害防治外包决策	1.205*** (0.160)	—	—	1.230*** (0.163)	—	—
常数项	-1.779** (0.821)	41.120*** (7.171)	62.902*** (6.931)	-2.044** (0.832)	0.437 (1.090)	1.519 (1.124)
检验及其他信息						
$ln\sigma_{\mu a}^1$	—	2.245*** (0.062)	—	—	—	—
$\rho_{\mu a}^1$	—	-0.494*** (0.162)	—	—	-0.646** (0.276)	—

第五章 病虫害防治外包对农户农药施用的影响——基于绝对与相对双重视角

续表

变量名称	绝对视角：ESR 模型估计结果			相对视角：ESP 模型估计结果		
	选择方程	结果方程		选择方程	结果方程	
		病虫害防治外包农户	病虫害防治未外包农户		病虫害防治外包农户	病虫害防治未外包农户
$ln\sigma^2_{\mu n}$	—	—	2.435*** (0.043)	—	—	—
$\rho^2_{\mu n}$	—	—	-0.459** (0.182)	—	—	-0.613** (0.273)
独立模型 LR 检验	8.94** [0.012]			5.28* [0.072]		
Wald	59.950***			166.830***		
对数似然值	-2239.274			-365.564		
样本量	552	193	359	552	193	359

注：*、**、*** 分别表示在 10%、5%、1% 的显著水平；"（ ）"内数值为标准误；"［ ］"内数值为相应检验的概率 P 值。

$\rho^1_{\mu a}$ 和 $\rho^2_{\mu n}$ 分别表示选择方程随机误差项与病虫害防治外包农户结果方程和病虫害防治未外包农户结果方程随机误差项之间的相关系数。可以发现 $\rho^1_{\mu a}$ 与 $\rho^2_{\mu n}$ 的估计值在两组回归中均通过显著性检验，表明样本存在自选择问题，如果不进行纠正，估计结果将会有偏差。此外，两组回归中，独立模型 LR 检验值分别为 8.94（5%统计水平上显著）和 5.28（10%统计水平上显著），Wald 卡方值分别为 59.950（1%统计水平上显著）和 166.830（1%统计水平上显著），拒绝选择方程与结果方程相互独立的原假设，表明小麦种植户病虫害防治外包行为决策会受到不可观测因素的影响。综上表明，本章在估计病虫害防治外包对农户农药施用强度、农药施用是否过量的影响时运用 ESR 模型和 ESP 模型是合理且必要的，可由此得出更为精确的研究结论。

结合前文选取工具变量的原因，本章选择"朋友病虫害防治外包决策"作为"病虫害防治外包决策"的工具变量，工具变量检验中得出二者之间的皮尔逊相关系数为 0.348 且在 1%统计水平上显著，说明"朋友病虫害防治外包决策"与"病虫害防治外包决策"具有较强的相关性。在进一步的弱工具变量检验中得到 Shea's partial R^2 值为 0.087,同时 F 统计量为 45.918,且 F 统计量的 P 值为 0.00,如此证实了不存在弱工具变量问题。此外,如表 5-5 所示,两组回归中朋友病虫害防治外包决策均在 1% 统计水平上显著正向影响小麦种植户的病虫害防治外包决策。综上阐明,工具变量的选择是合理的。

2. 选择方程的估计结果：农户病虫害防治外包决策模型估计结果分析

模型估计第一阶段,即小麦种植户病虫害防治外包决策影响因素的估计结果如表 5-5 第 2 列和第 5 列所示。

决策者个人特征中,受教育程度对农户病虫害防治外包决策产生显著正向影响。风险规避程度对农户病虫害防治外包决策具有显著的负向影响,这一结果表明,病虫害防治外包对农户而言是一种风险投资,可能存在不确定性（孙顶强等,2019）。

家庭禀赋特征方面,劳动力禀赋对农户病虫害防治外包决策具有显著的负向影响。

家庭生产经营特征中,土地细碎化程度对小麦种植户采纳病虫害防治外包具有显著负向的影响。

感知与认知特征中,中毒感知与健康认知均能有效促进农户采纳病虫害防治外包服务。病虫害防治属技术密集型环节,对技术要求略高。农民施药行为不规范可能会带来中毒风险,对身体健康产生影响（王志刚和吕冰,2009）。伴随着农户中毒感知及健康认知程度的提升,农户自身健康保护意识也随之提升,从而在病虫害防治环节更倾向于用外包服务来替代自防自治（孙顶强和邢钰杰,2022）。

朋友病虫害防治外包决策是病虫害防治外包决策的工具变量,对农户选择病虫害防治外包产生显著正向影响,且满足 1%统计显著性。即在其他因素保持不变的情况下,朋友采纳病虫害防治外包显著正向影响农户采纳病虫害防治外包。

3. 结果方程的 ESR 模型、ESP 模型估计结果：农户农药施用强度、农药施用是否过量模型估计结果分析

模型估计第二阶段，即病虫害防治外包农户农药施用强度与农药施用是否过量影响因素的估计结果如表 5-5 第 3 列和第 6 列所示，而病虫害防治未外包农户农药施用强度与农药施用是否过量影响因素的估计结果如表 5-5 第 4 列和第 7 列所示。

决策者个人特征中，年龄仅对病虫害防治未外包农户的农药施用强度具有显著负向的影响。通常而言，小农户能力受限，无法掌握专业的农药施用知识（黄季焜等，2008）。但决策者年龄越大其种植年限往往也越长，所积累的病虫害防治经验越丰富，从而能够更有效地甄别病虫害并准确把握农药药效，从而提高农药利用率，因此年长的决策者在生产过程中农药施用强度相对较少（蔡文聪等，2023）。然而，年龄因素引起的农药施用强度下降不足以扭转病虫害防治未外包农户农药过量施用的情况，因而对农药施用是否过量不产生影响。风险规避程度对病虫害防治外包与未外包农户的农药施用强度及农药施用是否过量行为均具有显著正向的影响。黄季焜等（2008）、米建伟等（2012）、Liu and Huang（2013）、蔡键（2014）的研究中同样发现风险规避程度对于规范农药施用具有重要的抑制作用。原因在于农户依赖农药稳定农作物产量，风险规避程度越大越倾向于多施加农药以规避产量减损的风险，从而导致农药过量施用的可能性也增大。

家庭禀赋特征方面，家庭总收入仅对病虫害防治外包农户的农药施用强度及农药施用是否过量行为具有显著正向的影响。对农民而言，农业收入是其家庭收入的重要构成之一。农户家庭收入水平越高，其购买农资时面临的资金约束越小，为降低减产风险、保障种植业收入，农户倾向于多施加农药，同时也造成了过量施用农药的现象发生。而这种影响只作用于病虫害防治外包农户，可能的原因在于当前我国病虫害防治外包处于发展初期，该项技术实施的标准化程度还有待提升。

家庭生产经营特征方面，人均经营规模对病虫害防治外包农户的农药施用强度呈显著负向影响，而对病虫害防治未外包农户的农药施用是否存

在过量行为具有显著正向影响。对于病虫害防治外包农户而言，农户种植规模越大，服务组织开展防治服务时的施药效率越高，因而有助于降低农药施用量。而对于病虫害防治未外包农户来说，家庭经营规模越大意味其农业收入在家庭收入结构中的占比越大，为规避风险因而更倾向于多施加农药。土地细碎化程度对病虫害防治未外包农户的农药施用是否过量行为具有显著正向影响。高晶晶和史清华（2019）的研究得到了相同的结论，他们指出农村土地分配制度所引致的土地细碎化问题在一定程度上加重了农药施用量，从而引起农药过量施用。种植目的对病虫害防治外包与未外包农户的农药施用强度及农药施用是否过量行为均具有显著负向的影响。黄炎忠和罗小锋（2018）的研究指出，相较于利润型农户，口粮型农户为了获取足够数量和有品质保障的粮食，将产生生产绿色安全粮食的动机，口粮生产动机对于促进农户规范施用农药具有重要作用。

感知与认知特征方面，中毒感知仅对病虫害防治外包农户的农药施用强度呈显著负向影响。可能的原因在于农户有中毒感知则更可能采纳病虫害防治外包服务，而服务组织的器械与技术均优于小农户，因而有助于减少农药施用量。健康认知对病虫害防治未外包农户的农药施用强度及农药施用是否过量行为具有显著负向影响。农户健康认知越强，其自行防治时规范施药的可能性就越强，从而减少了农药施用强度及过量施用农药的行为。环境认知则对病虫害防治外包农户的农药施用强度及农药施用是否过量行为具有显著负向影响。随着"两山"理念逐渐被人们熟知，农户的环境保护意识越来越强烈，进而增强了农户的农药减量行为（闫阿倩等，2021）。而结果显示这种影响只针对病虫害防治外包农户，可能的原因在于农户自行防治时其技术水平有限，为避免遭受巨大损失从而施用较多农药，此时其规避损失的意愿比环境保护的意愿更为重要。

4. 病虫害防治外包对农户农药施用强度及农药施用是否过量的平均处理效应

基于前文 ESR 模型和 ESP 模型的估计结果，进一步测算出病虫害防治外包对农户农药施用强度及农药施用是否过量的平均处理效应，如表 5-6

第五章 病虫害防治外包对农户农药施用的影响——基于绝对与相对双重视角

所示。

就绝对视角的估计结果而言,病虫害防治外包对农户农药施用强度有负向的处理效应,且在1%统计水平上显著。具体来看,ATT值的估计结果显示,对于实际采纳病虫害防治外包的农户,倘若不再采纳病虫害防治外包服务,则其农药施用强度由40.876元/亩上升至46.947元/亩,增加了6.071元/亩。而ATU值的估计结果显示,对于实际未采纳病虫害防治外包服务的农户,倘若采纳病虫害防治外包服务,则其农药施用强度由54.244元/亩下降至47.820元/亩,减少了6.424元/亩。

就相对视角的估计结果而言,病虫害防治外包对农户农药施用是否过量有负向的处理效应,且在1%统计水平上显著。具体来看,ATT值的估计结果显示,对于实际采纳病虫害防治外包服务的农户,倘若不采纳病虫害防治外包服务,则其农药过量施用的概率增加16.2%。而ATU值的估计结果显示,对于实际未采纳病虫害防治外包服务的农户,倘若采纳病虫害防治外包服务,则其农药过量施用的概率减少12.5%。

综上,病虫害防治外包对于农户农药施用强度及农药施用是否过量均具有显著负向的处理效应,有助于减少农户农药施用强度及其过量施用农药的可能性。研究假说2-5和假说2-6得到验证。

表5-6 病虫害防治外包对农户农药施用强度及农药施用是否过量的平均处理效应

类型	农户类型	病虫害防治外包	病虫害防治未外包	ATT	ATU
绝对视角:农药施用强度(元/亩)	病虫害防治外包农户	40.876 (0.409)	46.947 (0.382)	-6.071*** (0.559)	—
	病虫害防治未外包农户	47.820 (0.260)	54.244 (0.246)	—	-6.424*** (0.358)
相对视角:农药施用是否过量	病虫害防治外包农户	—	—	-0.162*** (0.019)	—
	病虫害防治未外包农户	—	—	—	-0.125*** (0.011)

注:*、**、***分别表示在10%、5%、1%的显著水平;"( )"内数值为标准误。

三、群组差异性分析

前文已经证实了病虫害防治外包能够有效降低农户农药施用强度及其过量施用农药的可能性。为进一步考察病虫害防治外包的生态效益在不同特征农户之间的差异，本部分将进行群组差异性分析。分析时借鉴 Hope et al.（2020）、范子英和周小昶（2022）的群组差异性分析方法，即将控制组的样本按照分类划分组别，然后分别与对照组进行回归，其优点在于降低了分组本身对结果造成的干扰，即分组后的控制组与同一个对照组进行比较。本部分按照年龄、受教育程度、家庭年收入将控制组农户进行分组，并根据分组变量的均值将控制组农户分为小于均值组和大于均值组两类。然后，运用 ESR 模型和 ESP 模型分别验证分析病虫害防治外包对农户农药施用强度及农药施用是否过量影响的异质性。结果如表5-7所示，第3列汇报了病虫害防治外包对农户农药施用强度的平均处理效应，第5列汇报了病虫害防治外包对农户农药施用是否过量的平均处理效应。

表5-7 病虫害防治外包对农户农药施用强度及农药施用是否过量
影响的群组差异性分析回归结果

变量	分类	农药施用强度		农药施用是否过量	
		ATT	标准误	ATT	标准误
年龄	小于均值	-10.269***	0.803	-0.286***	0.031
	大于均值	-5.583***	0.851	-0.153***	0.032
受教育程度	小于均值	-12.395***	1.159	-0.397***	0.063
	大于均值	-7.841***	0.644	-0.141***	0.022
家庭年收入	小于均值	-5.904***	0.649	-0.050**	0.023
	大于均值	-11.169***	1.137	-0.285***	0.039

注：*、**、*** 分别表示在10%、5%、1%的显著水平。

如表5-7所示，就年龄分类而言，病虫害防治外包对两组农户农药施用强度及农药施用是否过量行为均具有显著负向的影响，但是对于年龄小于均值的农户作用更强。通常情况下，年轻农户的种植经验较少，在农药施用时多凭感觉，而年长农户的种植年限往往较长，已经积累了丰富的病

第五章 病虫害防治外包对农户农药施用的影响——基于绝对与相对双重视角

虫害防治经验。因此，在采纳病虫害防治外包服务之前，年轻农户的农药施用量及过量施用农药的可能性高于年长农户，从而造成病虫害防治外包对年龄较小农户农药施用强度及农药施用是否过量的负向作用更强。

就受教育程度分类而言，病虫害防治外包对两组农户农药施用强度及农药施用是否过量行为均具有显著负向的影响，但是对于受教育程度小于均值的农户作用程度更强。一般而言，与受教育程度较高的农户相比，受教育程度较低的农户，掌握专业农药施用知识并规范施用农药的能力与技术水平较低，对于农药施用对环境及身体影响的认知水平较低。因而，在未采纳病虫害防治外包服务时，受教育程度较低的农户的农药施用强度及其过量施用农药的可能性高于受教育程度较高的农户，这就导致病虫害防治外包对受教育程度较低农户农药施用强度及农药施用是否过量的负向作用更强。

就家庭年收入分类而言，病虫害防治外包对两组农户农药施用强度及农药施用是否过量行为均具有显著负向的影响，但是对于家庭年收入大于均值农户的作用程度更强。通常而言，与家庭年收入较低农户相比，家庭年收入较高的农户兼业水平往往也较高，因此其用于农业生产的时间与精力有限，从而倾向于施加更多的农药生产要素以替代劳动力要素。因而，在未采纳病虫害防治外包服务时，家庭年收入较高农户的农药施用强度及其过量施用农药的可能性高于家庭年收入较低农户，从而导致病虫害防治外包对家庭年收入较高农户农药施用强度及农药施用是否过量的负向作用更强。

四、稳健性检验

为检验实证结果的稳健性，本部分基于 PSM 方法再次估计病虫害防治外包对农户农药施用强度及农药施用是否过量的影响，匹配方法包括一对一匹配法、一对四匹配法、半径匹配法与核匹配法，结果如表 5-8 所示。就绝对视角的估计结果而言，经过匹配处理后，病虫害防治外包对农户农药施用强度的 ATT 值分别为 -12.756、-12.694、-13.164 和 -11.365，且均满足 1% 显著性水平。4 种匹配方法均证实了病虫害防治外包对于农户农药施用强度均具有显著负向的影响。就相对视角的估计结果而言，经过匹配处理后，病虫害防治外包对农户农药施用是否过量的 ATT 值分别为-0.383、-0.370、-0.399 和-0.367，且均满足 1%显著性水平。4 种匹配方法均证实了病虫害防治外包对于农户农药施用是否过量均具有显著负向的影响。综上，PSM 回归结果与基准 ESR 模型、ESP 模型的回归结果相一致，即病虫害防治外包有助于减少农户农药施用强度及其过量施用农药的概率。因此，本文研究结论具有较好的稳健性与可信度。

表 5-8 基准回归的稳健性检验结果

	匹配方式	病虫害防治外包农户	病虫害防治未外包农户	ATT	标准误
绝对视角：农药施用强度（元/亩）	一对一匹配法	40.881	53.637	-12.756***	3.295
	一对四匹配法	40.881	53.575	-12.694***	2.876
	半径匹配法	40.881	54.045	-13.164***	2.902
	核匹配法	40.882	52.247	-11.365***	2.062
相对视角：农药施用是否过量	一对一匹配法	0.451	0.834	-0.383***	0.093
	一对四匹配法	0.451	0.821	-0.370***	0.086
	半径匹配法	0.451	0.850	-0.399***	0.083
	核匹配法	0.435	0.802	-0.367***	0.065

注：*、**、***分别表示在 10%、5%、1%的显著水平。

第五节 本章小结

鲁、豫 552 户小麦种植户中，占样本 73.2%的 404 户小麦种植户在小麦种植过程中过量施用农药，而其余占样本 26.8%的 148 户小麦种植户未过量施用农药，表明农药过量施用现象普遍存在。

绝对视角层面，病虫害防治外包能够有效降低农户农药施用强度。具体来看，在反事实情境下，实际采纳病虫害防治外包服务的农户倘若不采纳服务，则其农药施用强度增加 6.071 元/亩；而实际未采纳病虫害防治外包服务的农户倘若采纳服务,则其农药施用强度减少6.424元/亩。

相对视角层面,病虫害防治外包能够有效降低农户过量施用农药的概率。具体而言,基于反事实框架,实际采纳病虫害防治外包服务的农户倘若不采纳服务,则其农药过量施用概率增加16.2%;而实际未采纳病虫害防治外包服务的农户倘若采纳服务,则其农药过量施用概率减少12.5%。

病虫害防治外包对于农户农药施用强度及农药施用是否过量的影响存在异质性。具体而言,病虫害防治外包对年龄较小农户、受教育程度更低农户及家庭收入更高农户农药施用强度及农药施用是否过量的负向作用更强。

第六章 病虫害防治外包行为的约束与动因
——基于交易成本与农户信任视角

第一节 引言

前文已证实病虫害防治外包不仅有助于农户实现家庭增收，还能够有效降低农户农药施用强度，改善过量施用农药的状况。那么在现实情境中，为什么与其他环节相比病虫害防治外包服务推行缓慢且采纳率低呢？哪些因素影响了农户采纳病虫害防治外包服务，这些影响因素之间具有怎样的层级关系？本章基于交易成本与农户信任视角，运用 Logit-ISM 模型探寻病虫害防治外包行为的约束与动因，并进一步探讨其发生机制。

第二节 变量选择与数据描述

一、变量选择

1. 被解释变量

本章被解释变量为病虫害防治外包行为，借鉴应瑞瑶和徐斌（2014）、Sun et al.（2018）、孙顶强和邢钰杰（2022）的做法，采用虚拟变量量化病虫害防治外包行为。将其界定为：2021 年小麦生产过程中，农户是否采纳病虫害防治外包服务。若采纳则赋值为1，否则赋值为0。

2. 核心解释变量

一是交易成本。结合"威廉姆森交易范式"（Williamson，1985）及已有相关成果（陈昭玖和胡雯，2016；曹峥林等，2017；梁杰等，2021），本研究运用资产专用性、交易不确定性与交易频率3个维度共10个变量来衡量小麦种植户在病虫害防治外包中的交易费用。具体来看，资产专用性方面包括3个变量，其中生产性资产状况用以衡量物质资产专用性，土地细碎化程度体现了地理资产专用性，而技术培训则反映农户务农经验，即人力资产专用性；交易频率方面包括3个变量，分别使用种植规模、作业次数、参与合作社表征经营规模、交易规模及组织规模；交易不确定性方面包括4个变量，选取病虫害暴发频率衡量自然不确定性，采用减产风险认知和监督难易度2个变量作为技术不确定性的观测变量，选用服务信息获取难易度衡量市场不确定性。

二是农户信任。本研究运用社会信任、交易信任2个维度共2个变量来衡量病虫害防治外包中的农户信任水平。关于社会信任指标，借鉴何可等（2015）、孙鹏飞等（2019）的做法，分别测度农户对亲戚、朋友、邻居、农技员、村干部五类群体的信任水平，然后采用熵值法加权合成社会信任综合性指标；关于交易信任指标，参考王全忠等（2022）运用"防治服务供给主体是否为本村"衡量"农户对防治服务供给主体信任"的方式，采用"本村是否有病虫害防治外包服务供给方"来表征"农户与病虫害防治服务组织之间的交易信任"。

3. 控制变量

本章借鉴应瑞瑶和徐斌（2014）、陈欢等（2018）、谢琳等（2020）的研究成果，选取交易主体特征、家庭人力资本特征及地区特征3个方面5个变量作为控制变量。其中交易主体特征包括年龄和受教育程度2个变量；家庭人力资本特征包括劳动力比例和劳动力非农就业比例2个变量；地区特征只包括地区虚拟变量1个变量，旨在控制不同区域之间自然禀赋、经济发展、技术水平等特征的影响。

二、描述性统计

对本章相关变量进行的界定及描述性统计分析如表 6-1 所示。可以发现，被解释变量中，占样本 35.0% 的 193 户小麦种植户采纳了病虫害防治外包服务，而其余占样本 65.0% 的 359 户小麦种植户未采纳病虫害防治外包服务，符合当前农户病虫害防治外包服务采纳程度依旧不高的现状。核心变量中，生产性资产状况的均值为 0.084 万元/亩，土地细碎化程度的均值为 0.274 块/亩，技术培训均值为 1.033 次，意味着当前小农生产中自有农机设备较为紧缺，土地细碎化程度依然严峻，技术培训也相对匮乏。小麦实际种植亩数取对数后其均值为 2.683，其最小值与最大值分别为 0.693 和 5.775，病虫害防治作业次数的均值为 2.828 次，最大值与最小值分别为 1 次与 6 次。受访农户中，占样本 61.6% 的 340 户小麦种植户参与了合作社，而其余占样本 38.4% 的 212 户小麦种植户未参与合作社。过去五年中，病虫害暴发频率的均值为 0.721 次，36.8% 的受访农户认为病虫害防治外包服务会导致当季小麦产量减少。占样本 46.7% 的 258 户小麦种植户表示其所在村庄有小麦病虫害防治外包服务供给方，而其余占样本 53.3% 的 254 户小麦种植户却表示其所在村庄没有小麦病虫害防治外包服务供给方，符合当前病虫害防治外包服务的供给状况。控制变量中，受访者年龄平均值为 53.723 岁，其中年龄最小的受访者 32 岁，而年龄最大的受访者 78 岁。受访农户受教育年限均值为 7.781 年，最小值和最大值分别为 0 年和 16 年。家庭劳动力比例的均值为 0.708，而劳动力非农就业比例的均值为 0.332。受访农户中，占样本 50.5% 的 279 户农户来自河南省，而其余占样本 49.5% 的 273 户农户来自山东省。

表 6-1 变量界定及描述性统计分析

变量名称	指标定义及赋值	均值	标准差	最小值	最大值
被解释变量					
病虫害防治外包决策	2021 年小麦生产过程中，农户是否采纳病虫害防治外包服务：是=1；否=0	0.350	0.477	0.000	1.000

第六章 病虫害防治外包行为的约束与动因——基于交易成本与农户信任视角

续表

变量名称		指标定义及赋值	均值	标准差	最小值	最大值
核心变量						
资产专用性						
物质资产专用性	生产性资产状况	亩均农机设备现值（万元/亩）	0.084	0.255	0.000	3.333
地理资产专用性	土地细碎化程度	亩均地块数，即小麦地块数/小麦种植面积（块/亩）	0.274	0.159	0.016	1.000
人力资产专用性	技术培训	2021年，参与小麦生产培训次数（次）	1.033	1.366	0.000	6.000
交易频率						
经营规模	种植规模	小麦实际种植亩数取对数	2.683	0.968	0.693	5.775
交易规模	作业次数	病虫害防治作业次数（次）	2.828	0.736	1.000	6.000
组织规模	参与合作社	是否参与合作社：是=1；否=0	0.616	0.487	0.000	1.000
交易不确定性						
自然不确定性	病虫害暴发频率	近五年小麦病虫害暴发次数（次）	0.721	1.070	0.000	5.000
技术不确定性	减产风险认知	您认为采纳病虫害防治外包服务是否会导致当季小麦产量减少：是=1；否=0	0.368	0.483	0.000	1.000
	监督难易度	病虫害防治外包作业质量监督难易程度：非常容易=1；比较容易=2；一般=3；比较困难=4；非常困难=5	3.111	1.150	1.000	5.000
市场不确定性	服务信息获取难易度	获取病虫害防治外包服务信息的难易程度：非常容易=1；比较容易=2；一般=3；比较困难=4；非常困难=5	2.982	1.187	1.000	5.000
农户信任						
社会信任	社会信任	熵值法降维计算得出，由对亲戚、朋友、邻居、农技员、村干部五类群体的信任水平构成（得分范围1~5，得分越高，社会信任水平越高）	3.337	0.661	1.000	4.500

续表

变量名称		指标定义及赋值	均值	标准差	最小值	最大值
交易信任	本村服务供给方	本村是否有病虫害防治外包服务供给方：是=1；否=0	0.467	0.499	0.000	1.000
控制变量						
交易主体特征						
年龄		受访者实际年龄（周岁）	53.723	9.669	32.000	78.000
受教育程度		受访者受教育年限（年）	7.781	2.876	0.000	16.000
家庭人力资本特征						
劳动力比例		家庭总人口中劳动力占比	0.708	0.223	0.167	1.000
劳动力非农就业比例		家庭劳动力中非农就业劳动力占比	0.332	0.315	0.000	1.000
地区特征						
地区虚拟变量		受访者地处何地：河南=1；山东=0	0.505	0.500	0.000	1.000

数据来源：笔者根据鲁、豫小麦种植户调研数据整理获得，2022年。

第三节 模型构建与变量选择

一、病虫害防治外包行为的影响因素分析：Logit 模型

小麦种植户的病虫害防治外包行为有"采纳"与"不采纳"两种状态，在交易成本理论及"理性人"假设下，农户根据效用最大化原则，基于经济理性在综合考量交易成本、信任等约束条件的基础之上做出最佳决策，是典型的二元决策问题。因此，为确定小麦种植户病虫害防治外包行为的约束与动因，建立如下 Logit 模型：

$$P = F(y=1|X_i) = \frac{1}{1+e^{-y}} \quad (6-1)$$

式（6-1）中，y 代表小麦种植户病虫害防治外包行为，$y=1$ 表示农户在病虫害防治环节采纳外包服务，而 $y=0$ 表示未采纳外包服务。P 表示农

户采纳病虫害防治外包服务的概率。X_i 为可能约束或驱动农户采纳病虫害防治外包服务的影响因素。y 是变量 x_i（$i=1, 2, \cdots\cdots, n$）的线性组合，即：

$$y_i = b_0 + b_1 x_1 + b_2 x_2 + \cdots\cdots b_n x_n + \varepsilon_i \qquad (6-2)$$

式（6-2）中，b_i（$i=1, 2, \cdots\cdots, n$）为第 i 个变量 x_i 的待估参数，b_i 为正，则对应第 i 个变量 x_i 为农户采纳病虫害防治外包服务的动因；若 b_i 为负，则对应第 i 个变量 x_i 约束了农户采纳病虫害防治外包服务。b_0 为常数项，ε_i 为随机误差项。将式（6-1）与式（6-2）变换，得到以发生比表示的 Logit 模型：

$$Ln\left(\frac{P}{1-P}\right) = b_0 + b_1 x_1 + b_2 x_2 + \cdots\cdots b_n x_n + \varepsilon_i \qquad (6-3)$$

二、病虫害防治外包行为影响因素的层级结构分析：结构解释模型

结构解释模型（Interpretive Structure Modeling，ISM）用于识别系统的关键因素并探究各因素之间的层次结构（葛继红等，2017），由 Warfield（1976）提出。小麦种植户病虫害防治外包行为的影响因素可以独立发挥作用，也可以相互关联、彼此作用，从而形成多层次影响结构。为此，本文引入 ISM 模型识别小麦种植户病虫害防治外包行为的内在发生机制，具体包括如下五个流程。

第一步，构造因素间的逻辑关系。根据 Logit 模型的回归结果，识别小麦种植户病虫害防治外包的影响因素，S_0 表示小麦种植户病虫害防治外包行为，S_i（$i=1, 2, \cdots\cdots, k$）表示影响小麦种植户病虫害防治外包行为的一系列因素，而这一步的关键在于构造以上各个影响因素之间的逻辑关系。

第二步，创造因素间的邻接矩阵。在第一步的基础上创建小麦种植户病虫害防治外包行为影响因素之间的邻接矩阵 R，并根据式（6-4）定义邻接矩阵 R 中的元素 r_{ij}：

$$r_{ij} = \begin{cases} 1 & S_i \text{ 对 } S_j \text{ 有影响} \\ 0 & S_i \text{ 对 } S_j \text{ 无影响} \end{cases} \quad i,j = 1,2,\cdots\cdots,k \quad (6-4)$$

第三步，建立因素间的可达矩阵。采用布尔代数运算法则，根据邻接矩阵 R 及式（6-5）计算可达矩阵 M：

$$M = (R+I)^{\rho+1} = (R+I)^{\rho} \neq (R+I)^{\rho-1} \neq \cdots\cdots \neq (R+I)^2 \neq (R+I) \quad (6-5)$$

式（6-5）中，$2 \leq \rho \leq k$，I 为单位矩阵。

第四步，明确因素间的层级结构。由式（6-6）从高至低确定各个层级的要素集合，从而明确小麦种植户病虫害防治外包行为影响因素之间的层级结构。

$$L = \{S_i | P(S_i) \cap Q(S_i) = P(S_i)\} \quad i = 1,2,\cdots\cdots,k \quad (6-6)$$

式（6-6）中，$P(S_i)$ 和 $Q(S_i)$ 分别表示因素 S_i 的可达集与先行集，是可达矩阵 M 中因素 S_i 对应的行与列中包含有 1 的矩阵元素所对应的列因素集与行因素集，如式（6-7）所示：

$$P(S_i) = \{S_j | m_{ij} = 1\}, Q(S_i) = \{S_j | m_{ji} = 1\} \quad (6-7)$$

确定各个层级的元素时需要删除已经确定的更高层级因素所对应的行与列，再确定低层次的因素，以此类推，直到最后得到各个层级所包含的影响因素。

第五步，构建解释结构模型。根据小麦种植户病虫害防治外包行为影响因素之间的层级结构，构建其解释结构模型。

第四节 实证检验与结果分析

一、病虫害防治外包行为的影响因素分析

利用 Stata 软件回归得到如表 6-2 所示的小麦种植户病虫害防治外包行为影响因素的估计结果。由估计结果可知，模型的 $LR\ chi^2$ 值为 503.359，对应概率值为 0.000，表明模型在 1% 的显著性水平上拒绝了所有系数都为

0 的原假设。另外，模型 $Pseudo\ R^2$ 为 0.704，表明自变量对小麦种植户病虫害防治外包行为具有较强的解释能力。

1. 交易成本对病虫害防治外包行为的影响

资产专用性方面。土地细碎化程度对小麦种植户采纳病虫害防治外包服务具有显著负向的影响。技术培训制约了农户采纳病虫害防治外包服务。农户参与技术培训后，能够在"干中学"中积累相关经验，不断提升农业生产经营能力（Jin S 和 Jayne T S，2013）。与此同时，农户转换行业的成本与困难也随之增加（林文声等，2016），因而会制约农户采纳病虫害防治外包。

交易频率方面。作业次数约束了农户采纳病虫害防治外包服务。一般而言，作业次数越多，一是会引起外包作业交易成本的成倍增加；二是由于多次作业，服务组织会产生懈怠心理，更有可能滋生机会主义行为，从而降低农户关于外包服务质量的评价（梁杰等，2021），制约了农户采纳病虫害防治外包服务。

交易不确定性方面。病虫害暴发频率对农户采纳病虫害防治外包具有显著正向的影响。病虫害暴发频率越高，农户进行小麦生产时面临产量损失的可能性越大，为规避风险农户倾向于采纳病虫害防治外包服务；减产风险认知对于农户采纳病虫害防治外包具有制约效果，若农户潜意识里认定病虫害防治外包具有减产风险，则基于利益最大化考量，不放心由服务组织进行病虫害防治；服务信息获取难易度约束了农户采纳病虫害防治外包服务，其原因在于服务信息获取难度越大，表明区域内病虫害防治外包技术尚未得到有效推广，不具备提供积极有效病虫害防治服务的基础条件，因而难以满足农户的服务需求。

2. 农户信任对病虫害防治外包行为的影响

社会信任方面。社会信任能够有效促进农户采纳病虫害防治外包服务。究其原因，互相观摩、学习、模仿是农村社会中普遍存在的信息传递方式，农户社会信任水平越高，则其在各类群体之间的信息传递越有效，因而采纳病虫害防治外包的可能性就会更高。

交易信任方面。本村服务供给方对小麦种植户选择病虫害防治外包产生显著正向的作用。

3. 其他控制变量对病虫害防治外包行为的影响

交易主体特征方面。受教育程度对小麦种植户采纳病虫害防治外包具有显著正向的影响。

家庭人力资本特征方面。劳动力比例对小麦种植户采纳病虫害防治外包具有显著正向的影响。

表6-2 小麦种植户病虫害防治外包行为影响因素的估计结果

变量名称		系数	标准误	边际效应
核心变量				
资产专用性				
物质资产专用性	生产性资产状况	0.619	0.601	0.036
地理资产专用性	土地细碎化程度	-4.818***	1.760	-0.278***
人力资产专用性	技术培训	-0.255*	0.144	-0.015*
交易频率				
经营规模	种植规模	-0.260	0.259	-0.015
交易规模	作业次数	-1.594***	0.349	-0.092***
组织规模	参与合作社	0.881**	0.426	0.051**
交易不确定性				
自然不确定性	病虫害暴发频率	1.056***	0.194	0.061***
技术不确定性	减产风险认知	-2.960***	0.515	-0.171***
	监督难易度	-0.086	0.148	-0.005
市场不确定性	服务信息获取难易度	-1.125***	0.195	-0.065***
农户信任				
社会信任	社会信任	1.221***	0.324	0.070***
交易信任	本村服务供给方	2.487***	0.421	0.143***
控制变量				
交易主体特征				
年龄		0.004	0.024	0.0002

续表

变量名称	系数	标准误	边际效应
受教育程度	0.230***	0.071	0.013***
家庭人力资本特征			
劳动力比例	1.534*	0.917	0.088*
劳动力非农就业比例	1.032*	0.590	0.060*
地区特征			
地区虚拟变量	-0.317	0.408	-0.018
常数项	-0.465	2.448	—
模型整体检验统计量			
Log likelihood	-105.587	Prob>chi^2	0.000
LR chi^2	503.359	PseudoR^2	0.704
样本量	552		

注：*、**、*** 分别表示在10%、5%、1%的显著水平。

二、病虫害防治外包行为影响因素的层级结构分析

根据上述 Logit 模型回归结果，提取对小麦种植户病虫害防治外包行为具有显著作用的影响因素，其中，S_1 至 S_{12} 分别表示土地细碎化程度、技术培训、作业次数、参与合作社、病虫害暴发频率、减产风险认知、服务信息获取难易度、社会信任、本村服务供给方、受教育程度、劳动力比例与非农就业比例，S_0 表示小麦种植户病虫害防治外包决策。

首先，根据 Delphi 法构建邻接矩阵 R_{ij}，如图 6-1 所示。其次，运用 Matlab2021a，根据布尔代数运算法则，通过邻接矩阵 R_{ij} 计算可达矩阵 M_{ij}，如图 6-2 所示。再次，根据可达矩阵 M_{ij}，结合式（6-6）计算每个因素所对应的可达集、先行集及其交集。如表 6-3 所示，我们确定了小麦种植户病虫害防治外包行为影响因素的第一层级为 $L_1=\{S_0\}$。如表 6-4 所示，我们确定了第二层级为 $L_2=\{S_1, S_2, S_3, S_5, S_6, S_{12}\}$。如表 6-5 所示，我们确定了第三层级为 $L_3=\{S_4, S_7, S_{11}\}$。由表 6-6 确定了第四层级为 $L_4=\{S_8, S_9, S_{10}\}$。然后，对 L_1、L_2、L_3 及 L_4 中的因素进行排序，使得每一单位矩阵对应的因素处于同一层次，形成逻辑紧密的影响因素关系链，排序后的可达矩阵

M_{ij} 如图 6-3 所示。最后，根据调整后的可达矩阵 M_{ij}，用有向边连接同一层级及相邻层次的因素，构建小麦种植户病虫害防治外包行为影响因素的逻辑关系图，探索农户病虫害防治外包行为的发生机制，如图 6-4 所示。

$$R_{ij}= \begin{array}{c} \\ S_0 \\ S_1 \\ S_2 \\ S_3 \\ S_4 \\ S_5 \\ S_6 \\ S_7 \\ S_8 \\ S_9 \\ S_{10} \\ S_{11} \\ S_{12} \end{array} \begin{bmatrix} S_0 & S_1 & S_2 & S_3 & S_4 & S_5 & S_6 & S_7 & S_8 & S_9 & S_{10} & S_{11} & S_{12} \\ 0 & 0 & 0 & 0 & 0 & 0 & 0 & 0 & 0 & 0 & 0 & 0 & 0 \\ 1 & 0 & 0 & 0 & 0 & 0 & 0 & 0 & 0 & 0 & 0 & 0 & 0 \\ 1 & 0 & 0 & 0 & 0 & 0 & 0 & 0 & 0 & 0 & 0 & 0 & 0 \\ 1 & 0 & 0 & 0 & 0 & 0 & 0 & 0 & 0 & 0 & 0 & 0 & 0 \\ 1 & 0 & 1 & 1 & 0 & 0 & 0 & 0 & 0 & 0 & 0 & 0 & 1 \\ 1 & 0 & 0 & 0 & 0 & 0 & 0 & 0 & 0 & 0 & 0 & 0 & 0 \\ 1 & 0 & 0 & 0 & 0 & 0 & 0 & 0 & 0 & 0 & 0 & 0 & 0 \\ 1 & 0 & 0 & 0 & 0 & 0 & 1 & 0 & 0 & 0 & 0 & 0 & 0 \\ 1 & 0 & 0 & 0 & 0 & 0 & 1 & 1 & 0 & 0 & 0 & 0 & 0 \\ 1 & 0 & 0 & 0 & 0 & 0 & 1 & 1 & 0 & 0 & 0 & 0 & 0 \\ 1 & 0 & 1 & 1 & 1 & 0 & 0 & 0 & 0 & 0 & 0 & 0 & 1 \\ 1 & 0 & 1 & 1 & 0 & 0 & 0 & 0 & 0 & 0 & 0 & 0 & 1 \\ 1 & 0 & 0 & 0 & 0 & 0 & 0 & 0 & 0 & 0 & 0 & 0 & 0 \end{bmatrix}$$

图 6-1　小麦种植户病虫害防治外包行为影响因素的邻接矩阵

$$M_{ij}= \begin{array}{c} \\ S_0 \\ S_1 \\ S_2 \\ S_3 \\ S_4 \\ S_5 \\ S_6 \\ S_7 \\ S_8 \\ S_9 \\ S_{10} \\ S_{11} \\ S_{12} \end{array} \begin{bmatrix} S_0 & S_1 & S_2 & S_3 & S_4 & S_5 & S_6 & S_7 & S_8 & S_9 & S_{10} & S_{11} & S_{12} \\ 1 & 0 & 0 & 0 & 0 & 0 & 0 & 0 & 0 & 0 & 0 & 0 & 0 \\ 1 & 1 & 0 & 0 & 0 & 0 & 0 & 0 & 0 & 0 & 0 & 0 & 0 \\ 1 & 0 & 1 & 0 & 0 & 0 & 0 & 0 & 0 & 0 & 0 & 0 & 0 \\ 1 & 0 & 0 & 1 & 0 & 0 & 0 & 0 & 0 & 0 & 0 & 0 & 0 \\ 1 & 0 & 1 & 1 & 1 & 0 & 0 & 0 & 0 & 0 & 0 & 0 & 1 \\ 1 & 0 & 0 & 0 & 0 & 1 & 0 & 0 & 0 & 0 & 0 & 0 & 0 \\ 1 & 0 & 0 & 0 & 0 & 0 & 1 & 0 & 0 & 0 & 0 & 0 & 0 \\ 1 & 0 & 0 & 0 & 0 & 0 & 1 & 1 & 0 & 0 & 0 & 0 & 0 \\ 1 & 0 & 1 & 1 & 1 & 0 & 1 & 1 & 1 & 0 & 0 & 0 & 0 \\ 1 & 0 & 0 & 0 & 0 & 0 & 1 & 1 & 0 & 1 & 0 & 0 & 0 \\ 1 & 0 & 1 & 1 & 1 & 0 & 0 & 0 & 0 & 0 & 1 & 0 & 1 \\ 1 & 0 & 1 & 1 & 0 & 0 & 0 & 0 & 0 & 0 & 0 & 1 & 1 \\ 1 & 0 & 0 & 0 & 0 & 0 & 0 & 0 & 0 & 0 & 0 & 0 & 1 \end{bmatrix}$$

图 6-2　小麦种植户病虫害防治外包行为影响因素的可达矩阵

第六章 病虫害防治外包行为的约束与动因——基于交易成本与农户信任视角

表6-3 第一层级因素确定

变量	$P(S_i)$	$Q(S_i)$	$P(S_i) \cap Q(S_i)$
S_0	0	0, 1, 2, 3, 4, 5, 6, 7, 8, 9, 10, 11, 12	0
S_1	0, 1	1	1
S_2	0, 2	2, 4, 8, 10, 11	2
S_3	0, 3	3, 4, 8, 10, 11	3
S_4	0, 2, 3, 4, 12	4, 8, 10	4
S_5	0, 5	5	5
S_6	0, 6	6, 7, 8, 9	6
S_7	0, 6, 7	7, 8, 9	7
S_8	0, 2, 3, 4, 6, 7, 8, 12	8	8
S_9	0, 6, 7, 9	9	9
S_{10}	0, 2, 3, 4, 10, 12	10	10
S_{11}	0, 2, 3, 11, 12	11	11
S_{12}	0, 12	4, 8, 10, 11, 12	12

表6-4 第二层级因素确定

变量	$P(S_i)$	$Q(S_i)$	$P(S_i) \cap Q(S_i)$
S_1	1	1	1
S_2	2	2, 4, 8, 10, 11	2
S_3	3	3, 4, 8, 10, 11	3
S_4	2, 3, 4, 12	4, 8, 10	4
S_5	5	5	5
S_6	6	6, 7, 8, 9	6
S_7	6, 7	7, 8, 9	7
S_8	2, 3, 4, 6, 7, 8, 12	8	8

续表

变量	$P(S_i)$	$Q(S_i)$	$P(S_i) \cap Q(S_i)$
S_9	6, 7, 9	9	9
S_{10}	2, 3, 4, 10, 12	10	10
S_{11}	2, 3, 11, 12	11	11
S_{12}	12	4, 8, 10, 11, 12	12

表 6-5 第三层级因素确定

变量	$P(S_i)$	$Q(S_i)$	$P(S_i) \cap Q(S_i)$
S_4	4	4, 8, 10	4
S_7	7	7, 8, 9	7
S_8	4, 7, 8	8	8
S_9	7, 9	9	9
S_{10}	4, 10	10	10
S_{11}	11	11	11

表 6-6 第四层级因素确定

变量	$P(S_i)$	$Q(S_i)$	$P(S_i) \cap Q(S_i)$
S_8	8	8	8
S_9	9	9	9
S_{10}	10	10	10

图 6-4 中，受教育程度、社会信任、本村服务供给方是小麦种植户病虫害防治外包行为的深层根源因素；劳动力比例、参与合作社、服务信息获取难易度是小麦种植户病虫害防治外包行为的中间层间接因素；技术培训、作业次数、非农就业比例、减产风险认知、土地细碎化程度及病虫害暴发频率是小麦种植户病虫害防治外包行为的直接驱动因素。具体而言，小麦种植户病虫害防治外包行为的发生机制如前言所述表现为"三条路径"和"两个直接驱动因素"。

第六章 病虫害防治外包行为的约束与动因——基于交易成本与农户信任视角

	S_0	S_1	S_2	S_3	S_5	S_6	S_{12}	S_4	S_7	S_{11}	S_8	S_9	S_{10}
S_0	1	0	0	0	0	0	0	0	0	0	0	0	0
S_1	1	1	0	0	0	0	0	0	0	0	0	0	0
S_2	1	0	1	0	0	0	0	0	0	0	0	0	0
S_3	1	0	0	1	0	0	0	0	0	0	0	0	0
S_5	1	0	0	0	1	0	0	0	0	0	0	0	0
S_6	1	0	0	0	0	1	0	0	0	0	0	0	0
$M_{ij}=$ S_{12}	1	0	0	0	0	0	1	0	0	0	0	0	0
S_4	1	0	1	1	0	0	1	1	0	0	0	0	0
S_7	1	0	0	0	1	0	0	0	1	0	0	0	0
S_{11}	1	0	1	1	0	0	1	0	0	1	0	0	0
S_8	1	0	1	1	1	1	1	1	0	0	1	0	0
S_9	1	0	0	0	0	1	0	0	1	0	0	1	0
S_{10}	1	0	1	1	0	0	1	1	0	0	0	0	1

图 6-3 小麦种植户病虫害防治外包行为影响因素的可达矩阵

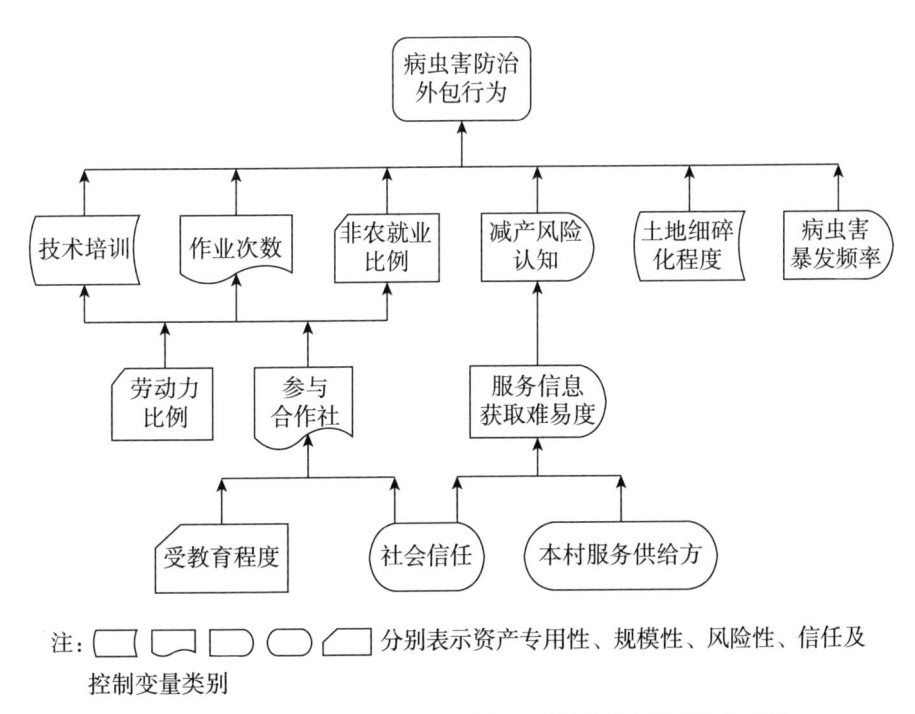

图 6-4 小麦种植户病虫害防治外包行为影响因素的逻辑关系图

注：▭ ⌒ ▱ ○ ⌓ 分别表示资产专用性、规模性、风险性、信任及控制变量类别

"三条路径"中，路径一为：劳动力比例→技术培训、作业次数、非农就业比例→病虫害防治外包行为；路径二为：受教育程度、社会信任→参与合作社→技术培训、作业次数、非农就业比例→病虫害防治外包行为；路径三为：社会信任、本村服务供给方→服务信息获取难易度→减产风险认知→病虫害防治外包行为。

"两个直接驱动因素"中，直接驱动因素一为：土地细碎化程度→病虫害防治外包行为。土地细碎化程度是农户家庭经营规模确定后的固有特征，具有较强的"套牢"效应，直接抑制了农户对病虫害防治外包服务的采纳；直接驱动因素二为：病虫害暴发频率→病虫害防治外包行为。

第七章 病虫害防治外包的推广路径
——基于有效防控主体视角

第一节 引言

本章基于有效防控主体视角，构建包含农户、服务组织及政府在内的病虫害防治三方博弈模型，并考察其动态关系及策略组合的均衡稳定性，进而探寻各主体在病虫害防治外包体系中的内生动力。本章旨在深度揭示我国农业病虫害防治体系中多元利益主体决策行为的演化特征，为构建高效的病虫害防治外包政策体系提供理论参考依据。

第二节 问题描述及模型设定

农户选择病虫害防治外包服务存在典型的委托代理关系，囿于主体间的信息不对称和利益相悖，决策主体在面临抉择时存在动态演化博弈。经典博弈理论要求行为主体完全理性，且做出决策时掌握完整信息，但是在现实中很难满足这些严格的假设（谢识予，2002），Friedman（1998）认为演化博弈与经典博弈最大的区别在于参与者在决策过程中是否完全理性。因此，本章假设农户、外包组织及政府均具有有限理性，策略选择随时间逐渐演化，最终稳定于最优策略。三方利益主体均有两种行为策略：

其中农户可以选择外包防治或自行防治，简记为 $(H, \bar{H})$；而服务组织能够提供积极或消极的病虫害防治服务，简记为 $(S, \bar{S})$；政府行为策略包括应用和不应用政策工具两类，简记为 $(A, \bar{A})$。假设在某一特定区域内，农户、服务组织与地方政府的总数保持相对稳定。在时刻 T，农户选择外包防治策略的概率为 X，且 $0 \leq X \leq 1$；服务组织选择积极防治服务策略的概率为 Y，且 $0 \leq Y \leq 1$；地方政府选择应用政策工具策略的概率为 Z，且 $0 \leq Z \leq 1$。

一、农户损益变量的设定

农户在病虫害防治时若选择自行防治，则所需成本为 C_F，所获收益为 B_F，且 $B_F > C_F$。若农户采纳外包防治，则需要额外再花费 S_F 的服务费用。如果农户购买到消极服务，则服务对于农户的农业生产并无改善，农户不能从中获得额外收益。若农户购买到积极服务，则服务有助于科学施药，进而促进农作物产量和质量的提升，有助于改善农户生产效益，此时农户获得额外收益 ΔB_F（$\Delta B_F > S_F$）。

二、服务组织损益变量的设定

服务组织提供消极服务时，其生产经营成本为 C_T；若服务组织提供积极服务，则其生产经营成本在消极防控的基础上增加 ΔC_T。无论服务组织提供何种服务，只要农户采纳则服务组织获益 S_F，且有 $C_T + \Delta C_T < S_F$。当服务组织提供消极服务且被农户采纳时，服务组织会因为提供消极怠慢的服务而造成声誉损失 R_T（$R_T > \Delta C_T$）。

三、政府损益变量的设定

政府实施病虫害防治外包调控政策的成本为 C_G。此外，提供引导型政策时，政府向服务组织和农户分别提供 U_T、U_F 单位次数的技术推广培训和宣传教育活动，其单位投入为 I，且假设服务组织和农户的获益程度与政府的付出程度相等；提供激励型政策时，若服务组织提供积极服务、农户采纳外包防治，则政府分别给予两者 F_T 和 F_F 的补贴；提供监管型政策时，若病虫害防治外包组织提供消极服务，则政府向其收取罚金 P_T，假设 $P_T>S_F$，被监管并惩罚的概率为 Q（$0<Q<1$）。国家出台相关政策时需兼顾不影响市场服务定价，因而本章假设 $I\times U_F+F_F<S_F$。此外，农户采纳服务组织的积极防控服务有益于生态环境的改善，政府从中获得生态效益 B_E。然而，如果政府对于服务组织的消极防控行为不加以管控，则会造成社会公众的信任感缺失及声誉损失，此时政府损失合计为 R_G，且 $R_G>C_G$。当三方主体协同进行病虫害防治时，上级政府给予地方政府的专项补贴及奖励合计为 K。

第三节 三方博弈主体策略演化分析

一、模型构建与策略求解

根据模型假设，构建政府介入视角下农业病虫害防治三方参与主体在不同策略下的博弈收益矩阵，如表7-1所示。

表7-1 农户、服务组织与政府博弈的收益矩阵

博弈方			政府	
			应用政策工具（Z）	不应用政策工具（$1-Z$）
农户	外包防治（X）	服务组织	积极防治服务（Y）	(H, S, A) $\begin{bmatrix} B_F-C_F-S_F+\Delta B_F+I\times U_F+F_F, \\ S_F-C_T-\Delta C_T+I\times U_T+F_T, \\ B_E-C_G-I\times U_F-I\times U_T-F_F-F_T+K \end{bmatrix}$	$(H, S, \bar{A})$ $\begin{bmatrix} B_F-C_F-S_F+\Delta B_F, \\ S_F-C_T-\Delta C_T, \\ B_E \end{bmatrix}$
			消极防治服务（$1-Y$）	$(H, \bar{S}, A)$ $\begin{bmatrix} B_F-C_F-S_F+I\times U_F+F_F, \\ S_F-C_T-R_T-Q\times P_T, \\ Q\times P_T-C_G-I\times U_F-F_F \end{bmatrix}$	$(H, \bar{S}, \bar{A})$ $\begin{bmatrix} B_F-C_F-S_F, \\ S_F-C_T-R_T, \\ -R_G \end{bmatrix}$

续表

博弈方			政府	
			应用政策工具 (Z)	不应用政策工具 ($1-Z$)
农户	自行防治 ($1-X$)	服务组织 积极防治服务 (Y)	$(\overline{H}, S, A)$ $\begin{bmatrix} B_F-C_F, \\ -C_T-\Delta C_T+I\times U_T+F_T, \\ -C_G-I\times U_T-F_T \end{bmatrix}$	$(\overline{H}, S, \overline{A})$ $\begin{bmatrix} B_F-C_F, \\ -C_T-\Delta C_T, \\ 0 \end{bmatrix}$
		消极防治服务 ($1-Y$)	$(\overline{H}, \overline{S}, A)$ $\begin{bmatrix} B_F-C_F, \\ -C_T-Q\times P_T, \\ Q\times P_T-C_G \end{bmatrix}$	$(\overline{H}, \overline{S}, \overline{A})$ $\begin{bmatrix} B_F-C_F, \\ -C_T, \\ -R_G \end{bmatrix}$

农户在病虫害防治时选择外包防治策略（H）、自行防治策略（$\overline{H}$）时的期望收益分别为：

$$U_{F(H)} = Y\times Z\times(B_F-C_F-S_F+\Delta B_F+I\times U_F+F_F)$$
$$+Y\times(1-Z)\times(B_F-C_F-S_F+\Delta B_F)$$
$$+(1-Y)\times Z\times(B_F-C_F-S_F+I\times U_F+F_F)$$
$$+(1-Y)\times(1-Z)\times(B_F-C_F-S_F)$$

$$U_{F(\overline{H})} = Y\times Z\times(B_F-C_F)+Y\times(1-Z)\times(B_F-C_F)$$
$$+(1-Y)\times Z\times(B_F-C_F)+(1-Y)\times(1-Z)\times(B_F-C_F)$$

农户病虫害防治的平均期望收益为：

$$U_F = X\times U_{F(H)}+(1-X)\times U_{F(\overline{H})}$$

那么，农户行为策略的复制动态方程为：

$$F(X) = dX/dt = X\times(U_{F(H)}-U_F) = X\times(1-X)\times(U_{F(H)}-U_{F(\overline{H})})$$
$$= X\times(1-X)\times[-S_F+Y\times\Delta B_F+Z\times(I\times U_F+F_F)]$$

同理可得，服务组织与政府行为策略的复制动态方程分别为：

$$F(Y) = dY/dt = Y\times(1-Y)\times[-\Delta C_T+X\times R_T+Z\times(I\times U_T+F_T+Q\times P_T)]$$

$$F(Z) = dZ/dt = Z\times(1-Z)\times\begin{bmatrix} -C_G+Q\times P_T+R_G-Y\times(I\times U_T+F_T+Q\times P_T+R_G) \\ -X\times(I\times U_F+F_F)+X\times Y\times K \end{bmatrix}$$

二、三方博弈主体策略稳定性分析

1. 农户的策略稳定性分析

将农户的复制动态方程 $F(X)$ 对 X 求导可得:

$$dF(X)/dX = (1-2X) \times [-S_F + Y \times \Delta B_F + Z \times (I \times U_F + F_F)]$$

农户选择外包防治的概率处于稳定状态时,则必须满足 $F(X)=0$ 且 $dF(X)/dX<0$。因此,当 $Y=Y_0=[S_F-Z\times(I\times U_F+F_F)]/\Delta B_F$ 时,$F(X)=0$,$dF(X)/dX=0$,此时无论 X 取何值均处于演化稳定状态;当 $Y>Y_0$ 时,$dF(X)/dX|_{X=0}>0$,$dF(X)/dX|_{X=1}<0$,此时 $X=1$ 是农户的演化稳定策略;反之,当 $Y<Y_0$ 时,$dF(X)/dX|_{X=1}>0$,$dF(X)/dX|_{X=0}<0$,此时 $X=0$ 是农户的演化稳定策略。农户的演化相位图如图7-1所示。

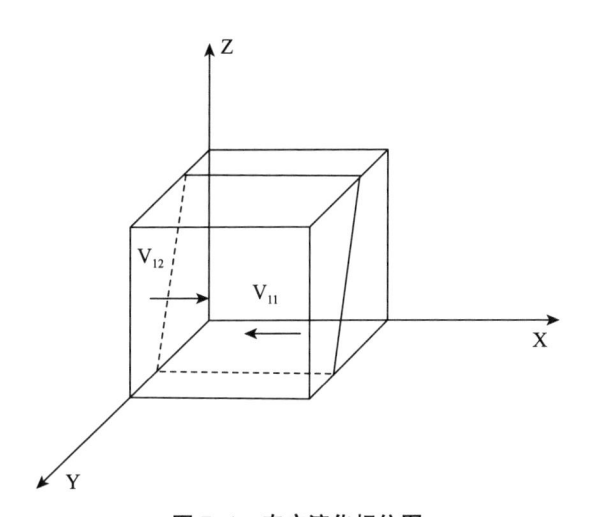

图7-1 农户演化相位图

图7-1表明,农户稳定选择外包防治和自行防治的概率分别为 V_{12} 和 V_{11} 的体积,计算可得:

$$V_{11} = \int_0^1 \int_0^1 \frac{S_F - Z \times (I \times U_F + F_F)}{\Delta B_F} dZdX = \frac{2S_F - (I \times U_F + F_F)}{2\Delta B_F}$$

$$V_{12} = 1 - V_{11} = 1 - \frac{2S_F - (I \times U_F + F_F)}{2\Delta B_F}$$

推论1：农户稳定选择外包防治的概率和政府为农户提供的引导与激励支持（$I \times U_F + F_F$）以及购买到积极防治服务时所获得的额外收益ΔB_F呈正相关，与病虫害防治外包的服务费用S_F负相关。

证明：根据农户选择外包防治的概率V_{12}的表达式，求各要素的一阶偏导可得：$\partial V_{12}/\partial(I \times U_F + F_F)>0$，$\partial V_{12}/\partial \Delta B_F>0$，$\partial V_{12}/\partial S_F<0$。因此，（$I \times U_F + F_F$）、$\Delta B_F$增加或$S_F$下降均可使农户选择外包防治的概率上升。

推论1表明：保障农户的经济效益能够促进农户选择外包防治。第一，政府通过实施引导型政策转变农户在病虫害防治中的观念意识及行为选择，从而向更高效的病虫害防治方式演进。同时，政府能够通过补贴降低农户病虫害防治外包的相对价格，激励农户选择外包防治；第二，农户采纳积极防治服务时可以获得额外收益，经营性收益的增加推动农户选择外包防治；第三，降低病虫害防治外包的服务费用可以直接减少农户的经营性支出，有助于促使农户选择外包防治。

推论2：演化过程中，农户选择外包防治的概率X随着服务组织提供积极服务的概率Y以及政府应用政策工具的概率Z的增加而提升。

证明：由农户策略稳定性分析可知，$Y_0 = S_F - Z \times (I \times U_F + F_F)/\Delta B_F$，表明$Y_0$与$Z$呈负相关。当$Y<Y_0$时，$X=0$是农户的演化稳定策略；反之，当$Y>Y_0$时，$X=1$是农户的演化稳定策略。因此，随着$Y$和$Z$的逐渐增大，农户的稳定策略从自行防治演化为外包防治。

推论2表明：提高服务组织提供积极防治服务和政府应用政策工具的概率有利于农户选择外包防治作为稳定策略。政府部门不仅可以通过实施引导型策略、激励型策略正向促进服务组织提供积极服务，而且还能够借助监管型政策来惩罚服务组织的消极服务行为，进而反向促使服务组织提供积极服务。即政府应用政策工具有助于形成积极有序的高效服务市场，提高服务组织提供积极防治服务的概率，农户从积极防治服务中有额外收益可图，能够推动农户选择外包防治。

2. 服务组织的策略稳定性分析

将服务组织的复制动态方程$F(Y)$对Y求导可得：

$$dF(Y)/dY=(1-2Y)\times[-\Delta C_T+X\times R_T+Z\times(I\times U_T+F_T+Q\times P_T)]$$

服务组织选择积极防治服务的概率处于稳定状态时，则必须满足 $F(Y)=0$ 且 $dF(Y)/dY<0$。当 $X=X_0=[\Delta C_T-Z\times(I\times U_T+F_T+Q\times P_T)]/R_T$ 时，$F(Y)=0$，$dF(Y)/dY=0$，此时无论 Y 取何值均处于演化稳定状态；当 $X>X_0$ 时，$dF(Y)/dY|_{Y=0}>0$，$dF(Y)/dY|_{Y=1}<0$，此时 $Y=1$ 是演化稳定策略；当 $X<X_0$ 时，$dF(Y)/dY|_{Y=1}>0$，$dF(Y)/dY|_{Y=0}<0$，此时 $Y=0$ 是演化稳定策略。服务组织的演化相位图如图 7-2 所示。

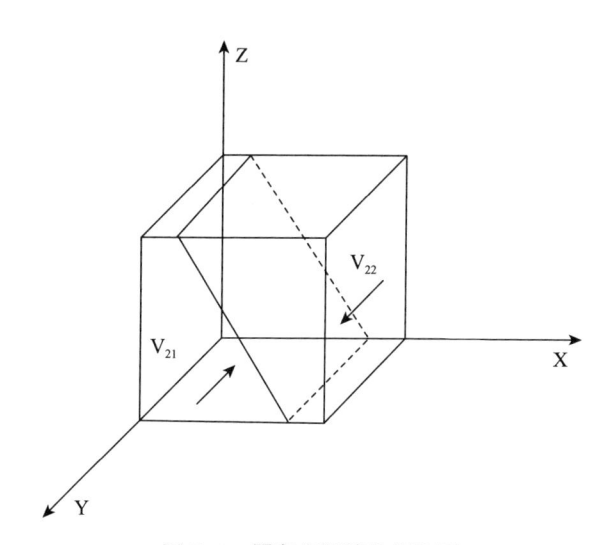

图 7-2 服务组织演化相位图

图 7-2 表明，服务组织稳定选择积极防治服务和消极防治服务的概率分别为 V_{22} 和 V_{21} 的体积，计算可得：

$$V_{21}=\int_0^1\int_0^1\frac{\Delta C_T-Z\times(I\times U_T+F_T+Q\times P_T)}{R_T}dZdY$$

$$=\frac{2\Delta C_T-(I\times U_T+F_T+Q\times P_T)}{2R_T}$$

$$V_{22}=1-V_{21}=1-\frac{2\Delta C_T-(I\times U_T+F_T+Q\times P_T)}{2R_T}$$

推论 3：服务组织稳定选择积极防治服务的概率与政府为其提供引导支持、补贴激励与监管性惩罚（$I\times U_T+F_T+Q\times P_T$）以及农户采纳消极服务

时其声誉损失 R_T 正相关，与提供积极服务比提供消极服务所增加的成本 ΔC_T 负相关。

证明：根据服务组织选择积极防治服务的概率 V_{22} 的表达式，求各要素的一阶偏导可得：$\partial V_{22}/\partial(I\times U_T+F_T+Q\times P_T)>0$，$\partial V_{22}/\partial R_T>0$，$\partial V_{22}/\partial \Delta C_T<0$。因此，$(I\times U_T+F_T+Q\times P_T)$、$R_T$ 增加或 ΔC_T 下降均可使服务组织选择积极防治服务的概率上升。

推论3表明：保障服务组织的经营效益能够促进服务组织选择积极防治服务。第一，政府通过引导型政策向外包组织提供技术培训等，使其掌握先进技术并提升职业素养。政府实施激励型政策能够保证服务组织在提供积极防治服务时获得补贴，进而确保收益。此外，监管性惩罚增加了服务组织提供消极防治服务时的成本，有助于减少其机会主义行为。第二，服务组织提供消极服务时引起农户的负面反馈，声誉损失越大，服务组织的经营收益越难以得到保障，进而鞭策其提供积极防治服务。第三，服务组织提供积极服务比提供消极服务所增加的成本越大，代表其提供消极防治服务有利可图的空间越大，如此一来，服务组织便会铤而走险，为谋求高利润而选择提供消极服务，并将成本差距转化为服务组织的内部收益。

推论4：演化过程中，服务组织提供积极防治服务的概率 Y 随着农户采纳外包防治服务的概率 X 以及政府应用政策工具的概率 Z 的增加而提升。

证明：由服务组织策略稳定性分析可知，$X_0=[\Delta C_T-Z\times(I\times U_T+F_T+Q\times P_T)]/R_T$，表明 X_0 与 Z 负相关。当 $X<X_0$ 时，$Y=0$ 是农户的演化稳定策略；反之，当 $X>X_0$ 时，$Y=1$ 是农户的演化稳定策略。因此，随着 X 和 Z 的逐渐增大，外包组织的稳定策略从消极防治服务演化为积极防治服务。

推论4表明：农户和政府的策略选择将影响服务组织的稳定策略选择。提高农户选择外包防治、政府加强应用政策工具的概率均可促使服务组织选择提供积极防治服务作为稳定策略。因此，促进农业病虫害防治外包市场的形成及健康发展，保障服务组织提供积极防治服务需要政府实施政策工具引导并激励农户选择外包防治。

3. 政府的策略稳定性分析

将政府的复制动态方程 $F(Z)$ 对 Z 求导可得：

$$dF(Z)/dZ=(1-2Z)\times[-C_G+Q\times P_T+R_G-Y\times(I\times U_T+F_T+Q\times P_T+R_G)\\-X\times(I\times U_F+F_F)+X\times Y\times K]$$

政府选择应用政策工具的概率处于稳定状态时，则必须满足 $F(Z)=0$ 且 $dF(Z)/dZ<0$。则有 $Y\times K-I\times U_F-F_F<0$ 时: $X'_O=[Y\times(I\times U_T+F_T+Q\times P_T+R_G)+C_G-Q\times P_T-R_G]/[Y\times K-(I\times U_F+F_F)]$，当 $X=X'_O$ 时，$F(Z)=0$，$dF(Z)/dZ=0$，此时无论 Z 取何值均处于演化稳定状态；当 $X>X'_O$ 时，$dF(Z)/dZ|_{Z=1}>0$，$dF(Z)/dZ|_{Z=0}<0$，此时 $Z=0$ 是演化稳定策略；当 $X<X'_O$ 时，$dF(Z)/dZ|_{Z=0}>0$，$dF(Z)/dZ|_{Z=1}<0$，此时 $Z=1$ 是演化稳定策略。此时政府的演化相位图如图 7-3 所示。

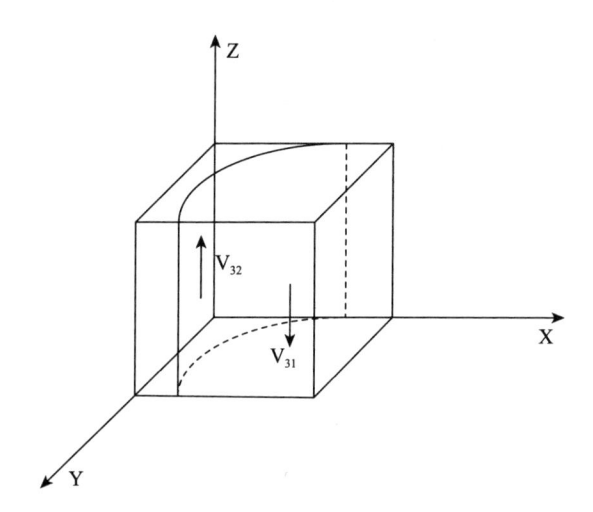

图 7-3 政府演化相位图

图 7-3 表明，当 $Y\times K-I\times U_F-F_F<0$ 时，政府稳定选择应用政策工具和不应用政策工具的概率分别为 V_{32} 和 V_{31} 的体积。计算可得：

$$V_{32}=\int_0^1\int_0^1\frac{Y\times(I\times U_T+F_T+Q\times P_T+R_G)+C_G-Q\times P_T-R_G}{Y\times K-(I\times U_F+F_F)}dYdZ$$

$$=\frac{I\times U_T+F_T+Q\times P_T+R_G}{K}+\left[\frac{(I\times U_T+F_T+Q\times P_T+R_G)\times(I\times U_F+F_F)}{K^2}+\frac{C_G-Q\times P_T-R_G}{K}\right]\times$$

$$V_{31} = 1 - V_{32} = \frac{K - (I \times U_T + F_T + Q \times P_T + R_G)}{K} \frac{\ln\left(1 - \frac{K}{I \times U_F + F_F}\right)}{}$$

$$- \left[\frac{(I \times U_T + F_T + Q \times P_T + R_G) \times (I \times U_F + F_F)}{K^2} + \frac{C_G - Q \times P_T - R_G}{K}\right] \times \ln\left(1 - \frac{K}{I \times U_F + F_F}\right)$$

另外，当 $Y \times K - I \times U_F - F_F > 0$ 时，政府稳定选择应用政策工具和不应用政策工具的概率分别如图 7-3 中 V_{31} 和 V_{32} 的体积，但是此时 $1 - K/(I \times U_F + F_F) < 0$，而 V_{31} 和 V_{32} 的体积计算公式中包括 $\ln[1 - K/(I \times U_F + F_F)]$ 项，因而当 $Y \times K - I \times U_F - F_F > 0$ 时讨论农户演化策略没有意义。综上，后续只讨论 $Y \times K - I \times -F_F < 0$ 时的相关情况。

推论 5：政府稳定选择应用政策工具的概率与其不管控服务组织消极防治行为时的声誉损失 R_G、对于服务组织消极服务的罚款收入 $Q \times P_T$ 及三方协同防治病虫害时所得的专项补贴及奖励 K 正相关，与其实施调控政策的总成本 C_G、推广引导型政策的投入 $I \times U_F$ 和 $I \times U_T$、实施激励型政策时的补贴 F_F 和 F_T 负相关。

证明：根据政府稳定选择应用政策工具的概率 V_{32} 的表达式，求各要素的一阶偏导可得：$\partial V_{32}/\partial R_G > 0$，$\partial V_{32}/\partial (Q \times P_T) > 0$，$\partial V_{32}/\partial K > 0$，$\partial V_{32}/\partial C_G < 0$，$\partial V_{32}/\partial (I \times U_F) < 0$，$\partial V_{32}/\partial (I * U_T) < 0$，$\partial V_{32}/\partial F_F < 0$，$\partial V_{32}/\partial F_T < 0$。因此，$R_G$、$Q \times P_T$、$K$ 增加或 C_G、$I \times U_F$、$I \times U_T$、F_F、F_T 下降均可使政府选择应用政策工具的概率上升。

推论 5 表明：政府部门应用或者不应用政策工具的选择受限于财政压力。政府无为于服务组织消极防治时的声誉损失越大、上级部门给予的专项补贴及奖励金额设定越高，越能够促使政府严格履行政策工具。另外，对服务组织消极服务设定较重的惩罚额及惩罚概率能够促进政府监管部门严格履行政策工具。而实施调控政策的成本越高、设定的引导型政策及激励型政策的投入越高，越会增加政府的财政负担，从而降低政府应用政策工具的概率。

推论 6：演化过程中，政府应用政策工具的概率 Z 随着农户外包防治的概率 X 以及服务组织提供积极防治服务的概率 Y 的增加而降低。

证明：由政府策略稳定性分析可知，$Y \times K - I \times U_F - F_F < 0$，$X_O' = [Y \times (I \times U_T + F_T + Q \times P_T + R_G) + C_G - Q \times P_T - R_G] / [Y \times K - (I \times U_F + F_F)]$，表明 X_O' 与 Y 负相关。当 $X < X_O'$ 时，$Z = 1$ 是政府的演化稳定策略；反之，当 $X > X_O'$ 时，$Z = 0$ 是政府的演化稳定策略。因此，随着 X 和 Y 的逐渐增大，政府的稳定策略从应用政策工具演化为不应用政策工具。

推论6表明：农户和服务组织的策略选择将影响政府的稳定策略选择。农户选择外包防治、服务组织选择积极防治服务的概率达到一定程度后，政府部门为了提升资金利用率并减轻财政负担选择不应用政策工具作为稳定策略。因此，当农户和服务组织两方可以有效推进病虫害防治外包服务市场的良性运作时，政府选择不介入病虫害防治外包体系。

三、三方演化博弈系统均衡点稳定性分析

联立农户、服务组织和政府行为策略的复制动态方程，可得农业病虫害防治各个参与主体的复制动力系统：

$$\begin{cases} F(X) = X \times (1-X) \times [-S_F + Y \times \Delta B_F + Z \times (I \times U_F + F_F)] \\ F(Y) = Y \times (1-Y) \times [-\Delta C_T + X \times R_T + Z \times (I \times U_T + F_T + Q \times P_T)] \\ F(Z) = Z \times (1-Z) \times [-C_G + Q \times P_T + R_G - Y \times (I \times U_T + F_T + Q \times P_T + R_G) \\ \qquad - X \times (I \times U_F + F_F) + X \times Y \times K] \end{cases}$$

农业病虫害防治体系的雅可比矩阵 J 为：

$$J = \begin{bmatrix} \dfrac{\partial F(X)}{\partial X} & \dfrac{\partial F(X)}{\partial Y} & \dfrac{\partial F(X)}{\partial Z} \\ \dfrac{\partial F(Y)}{\partial X} & \dfrac{\partial F(Y)}{\partial Y} & \dfrac{\partial F(Y)}{\partial Z} \\ \dfrac{\partial F(Z)}{\partial X} & \dfrac{\partial F(Z)}{\partial Y} & \dfrac{\partial F(Z)}{\partial Z} \end{bmatrix} =$$

$$\begin{bmatrix} (1-2X) \times \begin{bmatrix} -S_F + Y \times \Delta B_F + \\ Z \times (I \times U_F + F_F) \end{bmatrix} & X \times (1-X) \times \Delta B_F & X \times (1-X) \times (I \times U_F + F_F) \\ Y \times (1-Y) \times R_T & (1-2Y) \times \begin{bmatrix} -\Delta C_T + X \times R_T + \\ Z \times \begin{pmatrix} I \times U_T + \\ F_T + Q \times P_T \end{pmatrix} \end{bmatrix} & Y \times (1-Y) \times \begin{pmatrix} I \times U_T + F_T \\ + Q \times P_T \end{pmatrix} \\ Z \times (1-Z) \times \begin{bmatrix} -(I \times U_F + F_F) \\ + Y \times K \end{bmatrix} & Z \times (1-Z) \times \begin{bmatrix} -\begin{pmatrix} I \times U_T + F_T \\ + Q \times P_T + R_G \end{pmatrix} \\ + X \times K \end{bmatrix} & (1-2Z) \times \begin{bmatrix} -C_G + Q \times P_T + R_G - \\ Y \begin{pmatrix} I \times U_T + F_T + \\ Q \times P_T + R_G \end{pmatrix} \\ -X \times (I \times U_F + F_F) \\ + X \times Y \times K \end{bmatrix} \end{bmatrix}$$

根据李雅普诺夫（Lyapunov）第一方法（又称为间接法）判断均衡点的稳定性。在农业病虫害防治的复制动力系统中，令 $F(X) = F(Y) = F(Z) = 0$，可以得到农业病虫害防治复制动力系统的 8 个均衡点，此处不考虑混合均衡点的演化情形，因为混合均衡点必定存在特征值为 0 的情况，不是演化稳定策略（ESS, Evolutionarily stable strategy）。因而，将以上均衡点代入雅可比矩阵 J，得到各个均衡点对应的特征值，结合三方主体的损益变量设定及说明，均衡点稳定性分析结果如表 7-2 所示。

表 7-2 均衡点稳定性分析

均衡点	雅可比矩阵特征值 $\lambda_1, \lambda_2, \lambda_3$	实部符号	稳定性结论	条件
(0, 0, 0)	$-S_F$, $-\Delta C_T$, $R_G - C_G + Q \times P_T$	(−, −, +)	不稳定点	/
(0, 1, 0)	$\Delta B_F - S_F$, ΔC_T, $-C_G - I \times U_T - F_T$	(+, +, −)	不稳定点	/
(0, 0, 1)	$I \times U_F + F_F - S_F$, $I \times U_T + F_T + Q \times P_T - \Delta C_T$, $C_G - R_G - Q \times P_T$	(−, ×, −)	ESS	①
(0, 1, 1)	$\Delta B_F + I \times U_F + F_F - S_F$, $\Delta C_T - I \times U_T - F_T - Q \times P_T$, $C_G + I \times U_T + F_T$	(+, ×, +)	不稳定点	/
(1, 0, 0)	S_F, $R_T - \Delta C_T$, $R_G - C_G - I \times U_F - F_F + Q \times P_T$	(+, +, ×)	不稳定点	/

续表

均衡点	雅可比矩阵特征值		稳定性结论	条件
	$\lambda_1, \lambda_2, \lambda_3$	实部符号		
(1, 1, 0)	$S_F-\Delta B_F$, ΔC_T-R_T, $K-I\times U_F-I\times U_T-F_F-F_T-C_G$	(-, -, ×)	ESS	②
(1, 0, 1)	$S_F-I\times U_F-F_F$, $I\times U_T+F_T+Q\times P_T+R_T-\Delta C_T$, $C_G+I\times U_F+F_F-R_G-Q\times P_T$	(+, +, ×)	不稳定点	/
(1, 1, 1)	$S_F-I\times U_F-F_F-\Delta B_F$, $\Delta C_T-I\times U_T-F_T-Q\times P_T-R_T$, $I\times U_F+I\times U_T+F_F+F_T+C_G-K$	(-, -, ×)	ESS	③

注意：×表示符号不确定。

条件：①$I\times U_T+F_T+Q\times P_T<\Delta C_T$；②$K<I\times U_F+I\times U_T+F_F+F_T+C_G$；③$K>I\times U_F+I\times U_T+F_F+F_T+C_G$。

从表7-2可知，均衡点（0，0，0）的特征值λ_3、（0，1，0）的特征值λ_1和λ_2、（0，1，1）的特征值λ_1和λ_3、（1，0，0）的特征值λ_1和λ_2以及（1，0，1）的特征值λ_1和λ_2都为正数，因此这五个均衡点均不是演化稳定策略。另外，当分别满足条件①、条件②、条件③时，均衡点（0，0，1）、均衡点（1，1，0）、均衡点（1，1，1）是三方均衡稳定策略。这三种均衡稳定策略可以表示政策的不同实施效果，均衡点（0，0，1）的稳定状态表示应用政策工具但工具无效，均衡点（1，1，1）表示应用政策工具且工具有效，而均衡点（1，1，0）则代表在演化进程中政策有效但最终政府不应用政策工具，单凭农户和组织就可实现农业病虫害现代化防治的良好运作。

推论7：当$I\times U_T+F_T+Q\times P_T<\Delta C_T$时，复制动态系统中的（0，0，1）为均衡点，这种情形下农户选择自行防治、服务组织选择消极防治服务、政府选择应用政策工具。

证明：结合表7-2，在条件①下，均衡点（0，0，1）的三个特征值都小于0，此时均衡点（0，0，1）为系统渐进稳定点。

推论7表明：当服务组织提供消极防治服务而不是积极防治服务的成本差值高于政府的引导、补贴及奖惩之和时，服务组织提供积极防治服务时从政府处所获得的潜在收益难以抵消其所增加的成本，因而不能保证收益增加。对于农户而言，由于服务组织提供消极防治服务，农户不能从中获得产量、质量等提升所带来的额外收益，且政府的引导及激励支持难以抵消外包防治的服务成本，以至于农户综合考量经济效益后不采纳外包防治而选择自行防治。此时，虽然政府应用政策工具，但政策工具的引导、奖惩力度较低，对于改善农户与外包组织的行为收效甚微。

推论8：当 $K<I\times U_F+I\times U_T+F_F+F_T+C_G$ 时，复制动态系统中的（1，1，0）为均衡点，这种情形下农户选择外包防治、服务组织选择积极防治服务，而政府选择不应用政策工具。

证明：结合表7-2，在条件②下，均衡点（1，1，0）的三个特征值都小于0，此时均衡点（1，1，0）为系统渐进稳定点。

推论8表明：当政府实施病虫害防治外包政策的成本之和大于上级政府的支持与奖励时，经过演化博弈，政府最终不介入病虫害现代防控体系，且农户和服务组织双方能够自行达到理想的病虫害防治状态，表明此时农户和服务组织均可从中获得更佳收益。即农户和服务组织间已经形成良性有效的市场运作体系后，政府考虑到节省财政支出便不再施加政策工具。

推论9：当 $K>I\times U_F+I\times U_T+F_F+F_T+C_G$ 时，复制动态系统中的（1，1，1）为均衡点，这种情形下农户选择外包防治，服务组织选择积极防治服务，政府选择应用政策工具。

证明：结合表7-2，在条件③下，均衡点（1，1，1）的三个特征值都小于0，此时均衡点（1，1，1）为系统渐进稳定点。

推论9表明：当政府应用政策工具的支出之和小于上级政府的专项补贴及奖励之和时，政府应用政策工具可以有效规制农户与组织的行为，表明，"循序渐进、细水长流"式的政策工具既不会为政府带来财政负担，也可以保证不扰乱市场秩序。

第四节 数值仿真与分析

为了检验演化稳定性分析的有效性,本部分结合实际情况将模型赋值,并利用 Matlab2021a 进行数值演化仿真分析,农户、服务组织与政府损益参数的赋值如表 7-3 所示。

表 7-3 农户、服务组织与政府损益参数的赋值

参数	S_F	ΔB_F	ΔC_T	R_T	C_G	I	U_T	U_F	F_T	F_F	P_T	Q	R_G	K
数值	18	32	8.5	10	2	1	3	2	1	2	20	0.2	3	10.5

一、初始意愿对稳定策略影响的仿真分析

如图 7-4 所示,仿真模拟了三方初始意愿同时变化对最终稳定演化结果的影响。可以得出,三方初始意愿处于较低水平 0.4 时,最终演化为 (0,0,1),即农户选择自行防治,服务组织选择消极防治服务,而政府选择应用政策工具。此时农户的收敛速度最快,政府的收敛速度居中,而服务组织的收敛速度最慢。当三方初始意愿增加为 0.6 和 0.8 时,最终演化结果为 (1,1,1),即农户选择外包防治、组织选择积极防治服务、政府选择应用政策工具。详细分析这两种意愿水平下的演化过程,可以发现:初始意愿越高,三方主体收敛到 1 的速度越快,能够更早实现三方协同防治病虫害的状态;农户的收敛速度略微快于服务组织,政府的收敛速度最慢。因此,农户和服务组织收敛到 1 所用的时间较短,而政府所用时间较长。

由此可知,各方初始意愿较低时,虽然政府试图应用政策工具规制农户与外包组织的行为,但政策工具的作用效果尚未显现。而各方初始意愿达到一定水平后,政府应用政策工具可以有效协调农户与服务组织的行为抉择,促使形成良好的病虫害防治外包环境。

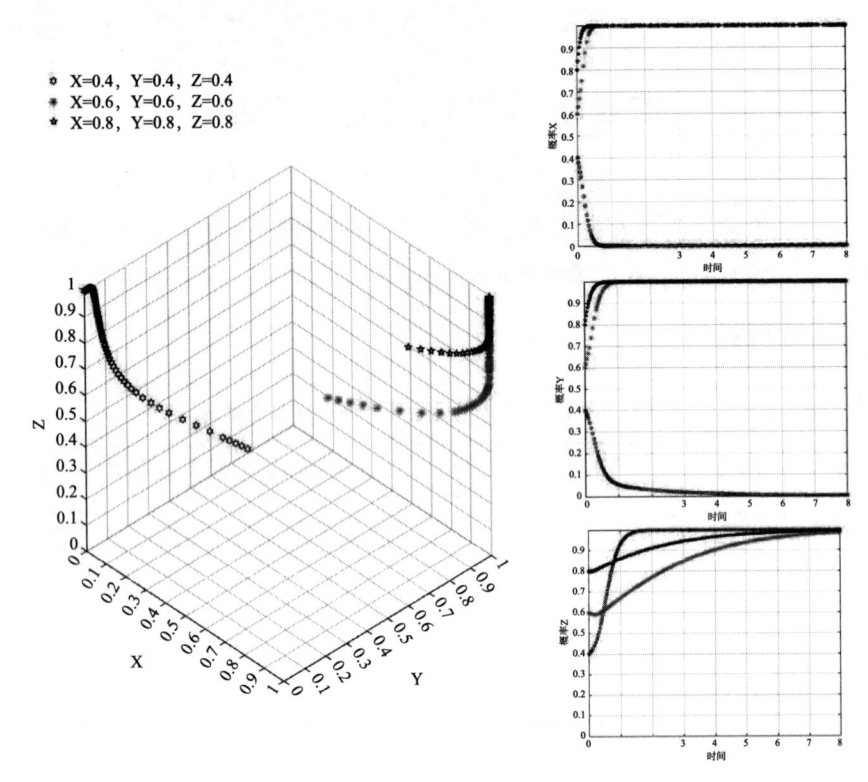

图 7-4 初始意愿对最终稳定演化结果的影响

二、政府政策工具对稳定策略影响的仿真分析

1. 单项政策工具对稳定策略影响的仿真分析

将三方初始意愿设为 0.6，对比分析仅实施单项政策工具对于最终稳定演化结果的影响，各参数变动情形及演化结果如图 7-5 所示。三项政策分别处于低水平时，即 $U_F=1$、$U_T=2$，$F_F=1$、$F_T=0.5$ 及 $F_F=2$、$F_T=1$，$Q=0.1$、$P_T=19$ 时，最终演化结果为（0，0，1）；而当进一步提高引导、激励及监管水平后，则能够有效促进三方主体协同高效防治病虫害，最终演化至（1，1，1）。这是因为政策水平较低时，政府增加支持力度所带来的收益难以抵消农户和服务组织选择正外部性行为时所增加的成本。出于利润最大化考量，各方分别选择收益更高的负外部性防治行为。因此，政

府在没有财政负担且不扰乱市场秩序的情形下，病虫害防治外包体系建设初期应适当增加各类政策施用力度，从而实现政策实施的目的。

根据图7-5还可以发现，在三方主体的演化收敛进程中，实施监管型政策的收敛速度最快，引导型政策和激励型政策的演化速度相对较慢。这是由于政府实施监管型政策成本低，在强制手段的驱使下可以迅速实现政策目标，但仅实施该项政策不能从根本上解决其他主体实际面临的技术、资金约束问题，进而导致合作状态难以长期维系。我国当前在农业病虫害防治中十分重视引导型与激励型政策的实施，引导型政策通过技术培训等能够在源头改善参与主体的选择行为，而类似于农业生产托管补贴类的激励型政策则在不扰乱市场秩序的条件下有效解决了其他主体的资金约束难题。如此一来，虽然实施引导型与激励型政策后，各主体的演化速度相对较慢，但合作状态却更为稳定。由此可见，每类政策工具在执行特定优势职能的同时也兼具劣势。

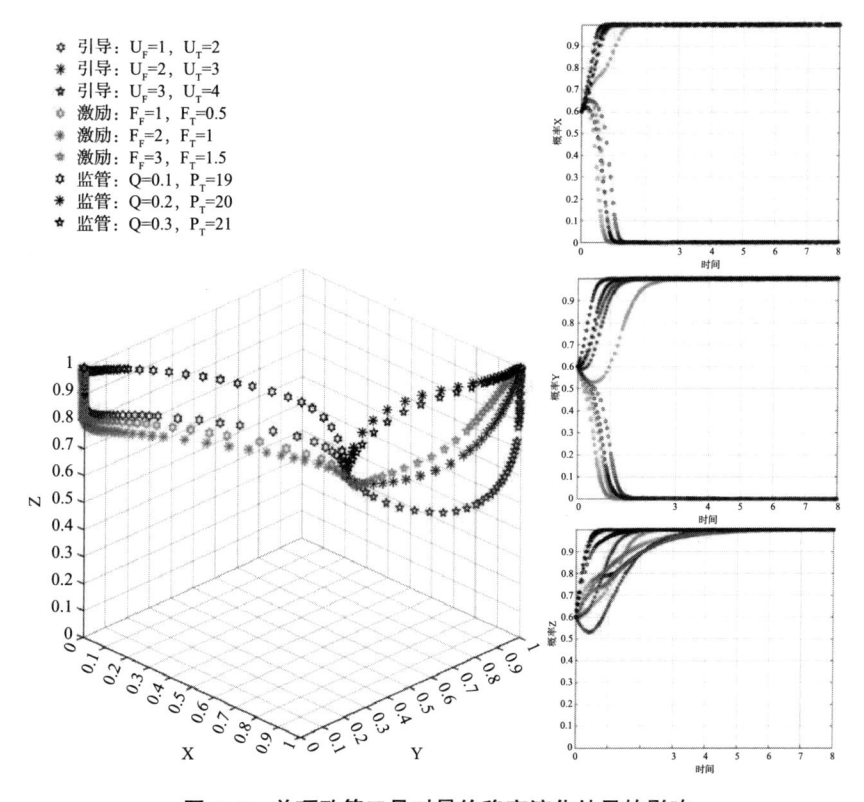

图7-5 单项政策工具对最终稳定演化结果的影响

2. 政策工具组合对稳定策略影响的仿真分析

某项政策的实施由一系列政策工具搭配而成,本部分探究政策工具组合对各主体最终稳定演化结果的影响,从而分析各类政策工具之间的互补关系与叠加效应。将三方初始意愿设为 0.6,其余各参数变动情形及演化结果如图 7-6 所示。结果发现,相较于实施单项政策工具,三类政策工具组合后,未有 (0, 0, 1) 演化状态,表明政策工具叠加后可以有效消除实施单项政策工具时可能面临的政策低状态。

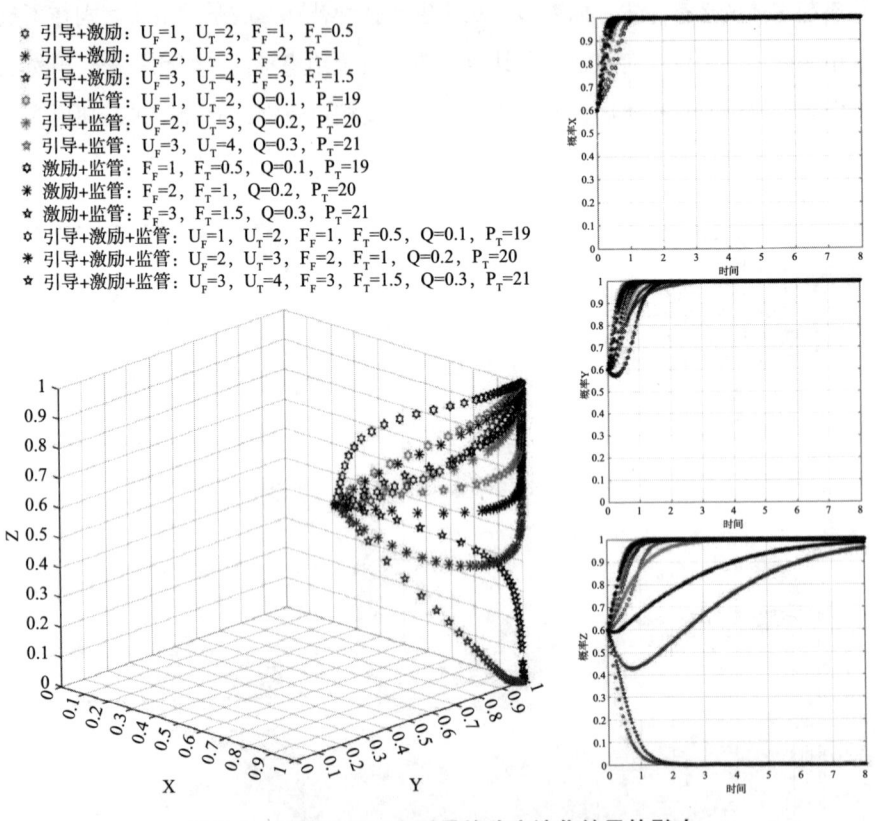

图 7-6 政策工具组合对最终稳定演化结果的影响

当引导型政策搭配监管型政策或激励型政策搭配监管型政策时,在参数设定的低、中、高水平下均演化至 (1, 1, 1),且随着参数设定值的增加,各方主体演化到 1 的速度也随之加快。引导型政策与激励型政策结合后，在参数设定的低、中水平下演化至（1，1，1）；而当参数设定值处于高水平时则会演化至（1，1，0）的更优状态，即政府不介入时农户和服务组织可以自行达到理想的病虫害防治状态。三类政策工具组合后的演化状态与引导型政策结合激励型政策的演化状态相同，但三类政策工具组合后，农户和服务组织的演化速度更高。以上表明，在政策工具的两两组合中，当有监管型政策工具实施时，由于其强制性特征导致其演化速度较快，但由于这项政策的实施不能突破技术和资金约束，且这类政策工具的实施不能增加或减少政府应用政策工具的成本，因而未能实现（1，1，0）的演化状态。而当不施加监管型政策，仅实施引导型政策和激励型政策时，技术和资金的正向激励可以实现三方共同防治病虫害或农户与服务组织两者间的良性运作体系。此外，同时实施三类政策工具时，三类政策工具之间形成了兼具正负作用的良好运作体系，监管型政策的反向推动作用可以更进一步地强化引导型政策和激励型政策的正向作用效果，能够实现政策之间的互补作用与叠加效应。因此，同时实施三类政策工具后，农户和服务组织能以最快的速度达到病虫害防治的最优治理状态。

第五节　本章小结

　　较低水平的政策实施力度不会对农户和服务组织的病虫害防治行为产生显著推动作用，只有政府的引导、激励与监管水平提高到一定程度才会改善农户选择外包防治时的经济效益和服务组织选择提供积极防治服务时的经营效益，从而能够有效促进三方主体协同进行现代化病虫害防治。

　　农户选择外包防治、服务组织选择提供积极防治服务及政府选择应用政策工具的意愿提高到一定水平后，政策工具的作用效果会由低效，甚至无效状态转变为高效状态，此时政策工具能够有效协调农户与服务组织的行为抉择，且意愿越强越能快速形成三方共同治理病虫害的稳定状态。

　　实施单项政策工具时，强制性的监管型政策实施后，各方主体的收敛速度最快；而引导型政策和激励型政策的收敛速度虽慢，但合作状态却更为稳定。政策工具叠加后的效果优于实施单项政策，政策工具两两组合时，引导型政策与激励型政策的搭配比其他两两组合更加有效，而在此基础上再加入监管型政策，作用效果更优。即同时实施三类政策工具后，三类政策工具之间形成了兼具正负作用的良好运作体系，能够实现政策之间的互补作用与叠加效应，能够弥补单一工具的缺陷。

第八章　对策建议与未来研究方向

第一节　对策建议

1. 持续加强病虫害防治外包服务的宣传与推广，提高农户认知水平

第一，加大病虫害防治外包服务的宣传力度，在委托高校、科研机构开展技术宣讲及培训的基础上，农技部门可进一步在田间地头进行现场演示，提高农户对病虫害防治外包服务的了解程度与认知水平，从而提升其采纳意愿。

第二，充分利用报刊、广播、电视与互联网等信息传播媒介，宣传与普及病虫害防治外包的作业流程、服务模式及采纳效果等相关知识，丰富农户获取病虫害防治外包的信息渠道，从而提升农户关于病虫害防治外包行为的评价与决策能力。

第三，充分发挥示范户、规模大户、合作社等主体的示范引领作用，让农户真切地认识到农业病虫害防治外包正外部性行为所能带来的额外收益，有助于提高农户对于病虫害防治外包服务的采纳率。

2. 多渠道协同推进，完善病虫害防治外包基础条件

第一，众多农户因服务规模较小、土地细碎化程度较高而缺乏病虫害防治外包服务的采纳条件。因此要倡导农户间连片种植，持续加快土地流转、耕地规整进程，多措并举推进农业适度规模经营，为夯实病虫害防治外包服务提供基础条件。

第二，结合农村实际情况，建立与完善农业生产基础设施。在持续加强农村地区田间道路、农机配套设施建设的同时，要协同推进农业技术推广、气象基础设施建设等，清除农业生产基础设施对于病虫害防治外包服务的阻碍。

第三，加强现代农业防治器械的创新与研发，研制适宜不同地形特征的高效、精准的防治器械，提高服务标准化操作程度与农药利用率，从而化解病虫害防治外包风险，为农业病虫害防治外包的推进提供重要的科技支撑。

3. 加强病虫害防治外包服务市场治理，消除农户与服务组织间的信息不对称

第一，成立农业病虫害防治服务管理协会，并制定相关管理办法，建立健全各项规章制度、合同、定价机制等。首先，对服务组织开展审核备案，提高病虫害防治服务市场的准入门槛；其次，规范化、标准化作业流程，致力于提供高质量防治服务；最后，设立监管平台，开展服务过程的监督与管控。

第二，积极培育本土化病虫害防治外包供给主体，引导与支持本地示范户、规模大户、家庭农场、合作社等新型经营主体积极开展病虫害防治外包服务，构建本土化服务供给组织或联合体。同时委托农技部门对其开展专业知识教育、技术培训、业务示范，提升其职业素养与专业技能，保证防治服务质量。

第三，搭建涵盖病虫害防治外包服务供给双方的信息平台、交易平台，在拓展病虫害防治外包服务市场范围的同时，丰富农户获取病虫害防治外包信息的传播渠道，有助于实现病虫害防治外包服务供需精准匹配。

4. 因地制宜地制定差别化、多元化病虫害防治外包服务推广模式

第一，贫困地区往往伴生着农业基础设施薄弱、经济发展水平较低、社会发育程度落后等特征，因此制定政策时要适度向重点群体与重点地区倾斜。对贫困地区农户给予服务补贴或提供其他激励政策，缓解其购买服务时所面临的资金约束，引导收入水平较低的农户积极参与病虫害防治外

包服务，充分发挥其分工效应与替代效应，缩小农户之间的收入差距。

第二，重视政策工具间的互补作用与叠加效应，因地制宜地制定农业病虫害防治外包政策实施细则。每类政策工具在执行特定优势职能的同时也兼具劣势，因此政策工具间要互相搭配才能发挥叠加效应。根据不同区域制定符合农户、服务组织个体特征及需求的政策工具，例如，对于病虫害防治外包发展水平较低的地区，应注重实施引导型政策，提升农民和服务组织的认知水平。对于贫困农户来说，应重点实施激励政策，以缓解其在购买病虫害防治外包服务时面临的资金紧张问题。而对于病虫害防治外包发展水平较高但监管水平较低的区域，应重点落实监管政策，从而规制交易主体的机会主义行为。但政策支持力度要适当，保证不扰乱市场秩序。

第二节 存在的不足与未来研究方向

本书基于鲁、豫 552 户小麦种植户的微观调研数据，在既有研究的基础之上，构建理论分析框架，考察病虫害防治外包的经济效应、生态效益，并进一步探讨其影响因素与推广路径，具有一定的理论意义与现实意义，但仍存在以下不足，这也是未来的研究方向。

对研究数据而言，此项研究仅对黄淮麦作区鲁、豫两省的小麦种植户进行了调研，缺乏西南麦区、长江中下游麦区和西北麦区等的样本数据。由于不同麦作区之间自然禀赋、经济水平及人文资源等存有较大差异，因此有必要就各个区域之间小麦种植户的病虫害防治外包行为进行对比分析，以明确区域差异。现有数据不足以支撑不同麦作区之间的对比分析，这是本研究在研究数据方面的不足之处。

对研究内容而言，此项研究围绕"发现问题—验证问题—解决问题"这一逻辑主线，对病虫害防治外包服务的影响效应、影响因素及推广路径进行探讨。其中，影响效应部分从经济效应与生态效应两个层面进行评判，重点考察病虫害防治外包对农户家庭收入、农户农药施用的影响，缺乏病虫害防治外包社会效应层面的分析，这是本研究在研究内容方面的不足之处。

对研究方法而言，本书运用众多计量方法考察小麦病虫害防治外包的经济效应、生态效应，并进一步探讨其影响因素与推广路径。这些实证分析方法虽然能对文章研究内容进行客观准确的量化分析，但本文尚未从典型案例角度开展相关分析。因此，下一步可通过深入访谈小麦种植户与服务组织，以具体案例分析了解病虫害防治外包的行为逻辑，这是本研究在研究方法方面的不足之处。

参考文献

［1］庇古. 福利经济学［M］. 北京：华夏出版社，2007.

［2］蔡键. 风险偏好、外部信息失效与农药暴露行为［J］. 中国人口·资源与环境，2014，24（9）：135-140.

［3］蔡荣，蔡书凯. 农业生产环节外包实证研究——基于安徽省水稻主产区的调查［J］. 农业技术经济，2014（4）：34-42.

［4］蔡荣，郭晓东，马旺林. 合作社社员信任行为实证分析——基于鲁陕两省672名苹果专业合作社社员的调查［J］. 农业技术经济，2015，No.246（10）：69-80.

［5］蔡荣，韩洪云. 农户参与合作社的行为决策及其影响因素分析——以山东省苹果种植户为例［J］. 中国农村观察，2012（5）：32-40+95.

［6］蔡荣，汪紫钰，钱龙，等. 加入合作社促进了家庭农场选择环境友好型生产方式吗？——以化肥、农药减量施用为例［J］. 中国农村观察，2019（1）：51-65.

［7］蔡文聪，霍学喜，杨海钰. 扩大种植规模还是参与外包服务：农药减量化的逻辑选择［J］. 干旱区资源与环境，2023，37（2）：50-58.

［8］曹峥林，姜松，王钊. 行为能力、交易成本与农户生产环节外包——基于Logit回归与csQCA的双重验证［J］. 农业技术经济，2017（3）：64-74.

［9］陈超，李寅秋，廖西元. 水稻生产环节外包的生产率效应分析——基于江苏省三县的面板数据［J］. 中国农村经济，2012（2）：86-96.

[10] 陈丹,任远,戴严科.农地流转对农村劳动力乡城迁移意愿的影响[J].中国农村经济,2017(7):56-71.

[11] 陈欢,周宏,吕新业.农户病虫害统防统治服务采纳行为的影响因素——以江苏省水稻种植为例[J].西北农林科技大学学报(社会科学版),2018,18(5):104-111.

[12] 陈欢,周宏,孙顶强.信息传递对农户施药行为及水稻产量的影响——江西省水稻种植户的实证分析[J].农业技术经济,2017(12):23-31.

[13] 陈欢.农户对病虫害统防统治服务采纳及其效果研究——以江苏省水稻种植为例[D/OL].南京农业大学,2018.

[14] 陈品,孙顶强,钟甫宁.劳动力短缺背景下农时延误、产量损失与外包服务利用影响[J].现代经济探讨,2018(8):112-118.

[15] 陈强.高级计量经济学及Stata应用:第二版[M].高等教育出版社,2014:542-545.

[16] 陈思羽,李尚蒲.农户生产环节外包的影响因素——基于威廉姆森分析范式的实证研究[J].南方经济,2014(12):105-110.

[17] 陈昭玖,胡雯.农地确权、交易装置与农户生产环节外包——基于"斯密—杨格"定理的分工演化逻辑[J].农业经济问题,2016,37(8):16-24+110.

[18] 陈哲,李晓静,夏显力.参与环节外包对农户生产效率的影响研究——基于陕西省关中平原887户农户调研数据[J].农业技术经济,2022(11).

[19] 陈哲,李晓静,夏显力.农业生产环节外包服务的节本增收效应研究[J].农村经济,2022(3):110-117.

[20] 仇叶.从配额走向认证:农村贫困人口瞄准偏差及其制度矫正[J].公共管理学报,2018,15(1):122-134+159.

[21] 代云云,徐翔.农户蔬菜质量安全控制行为及其影响因素实证研究——基于农户对政府、市场及组织质量安全监管影响认知的视角[J].南京农业大学学报(社会科学版),2012,12(3):48-53+59.

［22］豆书龙，叶敬忠．项目制研究何以成为"显学"：概念辨析、性质定位与实践探索［J］．内蒙古社会科学（汉文版），2019，40（4）：24-35.

［23］杜志雄，肖卫东．农业规模化经营：现状、问题和政策选择［J］．江淮论坛，2019，No.296（4）：11-19+28.

［24］段培，王礼力，罗剑朝．种植业技术密集环节外包的个体响应及影响因素研究——以河南和山西631户小麦种植户为例［J］．中国农村经济，2017（8）：29-44.

［25］段培，王礼力，陈绳栋，等．粮食种植户生产环节外包选择行为分析［J］．西北农林科技大学学报（社会科学版），2017，17（5）：65-72.

［26］范子英，周小昶．财政激励、市场一体化与企业跨地区投资——基于所得税分享改革的研究［J］．中国工业经济，2022（2）：118-136.

［27］冯晓龙，霍学喜．社会网络对农户采用环境友好型技术的激励研究［J］．重庆大学学报（社会科学版），2016，22（3）：72-81.

［28］高晶晶，史清华．农户生产性特征对农药施用的影响：机制与证据［J］．中国农村经济，2019，No.419（11）：83-99.

［29］高强，孔祥智．我国农业社会化服务体系演进轨迹与政策匹配：1978—2013年［J］．改革，2013（4）：5-18.

［30］葛继红，徐慧君，杨森，等．基于Logit-ISM模型的污染企业周边农户环保支付意愿发生机制分析——以苏皖两省为例［J］．中国农村观察，2017（2）：93-106.

［31］顾晟景，周宏．生产性服务业对农业全要素生产率的影响研究——基于中介效应的影响路径分析［J］．中国农业资源与区划，2022，43（3）：106-116.

［32］郭利京，王颖．农户生物农药施用为何"说一套，做一套"？［J］．华中农业大学学报（社会科学版），2018（4）：71-80+169.

［33］郭清卉，李世平，南灵．社会学习、社会网络与农药减量

化——来自农户微观数据的实证[J].干旱区资源与环境,2020,34(9):39-45.

[34] 韩青,刘起林,孟婷.农业生产托管薄弱环节补贴能否提高农户全程托管意愿?——以农业病虫害防治补贴为例[J].华中农业大学学报(社会科学版),2021(2):71-79+178-179.

[35] 何可,张俊飚,张露,等.人际信任、制度信任与农民环境治理参与意愿——以农业废弃物资源化为例[J].管理世界,2015(5):75-88.

[36] 胡杰,罗剑朝.农业信用担保贷款与农户家庭收入:抑制抑或促进[J].农业技术经济,2023(7).

[37] 胡新艳,陈相泼,饶应巧.农业服务外包如何影响农地流转?——来自河南麦区的分析[J].农村经济,2021,No.467(9):44-52.

[38] 胡新艳,米薪宇.产权稳定性对农机服务外包的影响与作用机制[J].华中农业大学学报(社会科学版),2020,No.147(3):63-71+171-172.

[39] 胡新艳,许金海,陈文晖.农地确权方式与农户农业服务外包行为——来自PSM-DID准实验的证据[J].南京农业大学学报(社会科学版),2022,22(1):128-138.

[40] 胡新艳,张雄,罗必良.服务外包、农业投资及其替代效应——兼论农户是否必然是农业的投资主体[J].南方经济,2020,No.372(9):1-12.

[41] 胡新艳,朱文珏,刘恺.交易特性、生产特性与农业生产环节可分工性——基于专家问卷的分析[J].农业技术经济,2015(11):14-23.

[42] 黄季焜.加快农村经济转型,促进农民增收和实现共同富裕[J].农业经济问题,2022,No.511(7):4-15.

[43] 黄季焜,齐亮,陈瑞剑.技术信息知识、风险偏好与农民施用农药[J].管理世界,2008(5):71-76.

［44］黄炎忠，罗小锋．既吃又卖：稻农的生物农药施用行为差异分析［J］．中国农村经济，2018（7）：63-78.

［45］黄宗智．华北的小农经济与社会变迁［M］．北京：中华书局，1986.

［46］黄祖辉，钟颖琦，王晓莉．不同政策对农户农药施用行为的影响［J］．中国人口·资源与环境，2016，26（8）：148-155.

［47］纪月清，刘亚洲，陈奕山．统防统治：农民兼业与农药施用［J］．南京农业大学学报（社会科学版），2015，15（6）：61-67+138.

［48］冀名峰．农业生产性服务业：我国农业现代化历史上的第三次动能［J］．农业经济问题，2018（3）：9-15.

［49］姜长云，李俊茹，王一杰，等．近年来我国农民收入增长的特点、问题与未来选择［J］．南京农业大学学报（社会科学版），2021，21（3）：1-21.

［50］姜长云，李俊茹，赵炜科．农业生产托管服务的组织形式、实践探索与制度创新——以黑龙江省LX县为例［J］．改革，2021，No.330（8）：103-115.

［51］姜长云．关于发展农业生产性服务业的思考［J］．农业经济问题，2016，37（5）：8-15+110.

［52］姜长云．我国农业农村服务业发展及其政策精神和主要问题［J］．经济研究参考，2020（15）：5-20.

［53］姜长云．论农业生产托管服务发展的四大关系［J］．农业经济问题，2020，No.489（9）：55-63.

［54］姜长云．中国农业生产性服务业的形成发展及其趋势、模式［J］．宏观经济研究，2020，No.260（7）：97-105.

［55］姜长云．科学把握农业生产性服务业发展的历史方位［J］．南京农业大学学报（社会科学版），2020，20（3）：1-14.

［56］姜健，周静，孙若愚．菜农过量施用农药行为分析——以辽宁省蔬菜种植户为例［J］．农业技术经济，2017（11）：16-25.

［57］江艇．因果推断经验研究中的中介效应与调节效应［J］．中国工

业经济，2022，No.410（5）：100-120.

[58] 焦芳芳，刘启明. 土地托管：小规模走向大生产的路径选择——基于L区创新试点的思考［J］. 新疆社会科学，2020（4）：31-40+146-147.

[59] 李成龙，张良，周宏. 规模农户病虫害防治机械投资及其效应［J］. 华中农业大学学报（社会科学版），2022（3）：58-69.

[60] 李成龙，周宏. 劳动力禀赋、风险规避与病虫害统防统治技术采纳［J］. 长江流域资源与环境，2020，29（6）：1454-1461.

[61] 李成龙，周宏. 资源禀赋、政府培训与农户生态生产行为［J］. 农业经济与管理，2022，No.75（5）：22-30.

[62] 李成龙，周宏. 组织嵌入与农户农药减量化——基于江苏省水稻种植户的分析［J］. 农业现代化研究，2021，42（4）：694-702.

[63] 李丹. 风险视角下农业生产性服务采纳决策、约束行为及作用效果研究——以江苏省水稻种植户为例［D/OL］. 南京农业大学，2021.

[64] 李丹，周宏，夏秋. 农业生产性服务采纳为什么存在结构性失衡？——一个来自环节风险异质性的探讨［J］. 财经论丛，2021，No.271（4）：3-11.

[65] 李昊，李世平，南灵. 农药施用技术培训减少农药过量施用了吗？［J］. 中国农村经济，2017（10）：80-96.

[66] 梁虎，罗剑朝，张珩. 农地抵押贷款借贷行为对农户收入的影响——基于PSM模型的计量分析［J］. 农业技术经济，2017（10）：106-118.

[67] 梁杰，高垫，高强. 交易成本、生产成本与农业生产环节外包——基于农地禀赋效应调节视角［J］. 资源科学，2021，43（8）：1589-1604.

[68] 廖文梅，袁若兰，黄华金，等. 交易成本、资源禀赋差异对农户生产环节外包行为的影响［J］. 中国农业资源与区划，2021，42（9）：198-206.

[69] 林文声，秦明，郑适，等. 资产专用性对确权后农地流转的影

响［J］. 华南农业大学学报（社会科学版），2016，15（6）：1-9.

［70］刘起林，韩青. 农业病虫害防治外包的农户增收效应研究——基于湖南、安徽和浙江三省的农户调查［J］. 农村经济，2020，No.454（8）：118-125.

［71］刘同山. 农民合作社的幸福效应：基于ESR模型的计量分析［J］. 中国农村观察，2017（4）：32-42.

［72］陆岐楠，张崇尚，仇焕广. 农业劳动力老龄化、非农劳动力兼业化对农业生产环节外包的影响［J］. 农业经济问题，2017，38（10）：27-34.

［73］罗必良，耿鹏鹏. 乡村治理及其转型：基于人情关系维度的考察［J］. 农业经济问题，2022，No.514（10）：6-18.

［74］罗必良，胡新艳，张露. 为小农户服务：中国现代农业发展的"第三条道路"［J］. 农村经济，2021，No.459（1）：1-10.

［75］罗必良. 论服务规模经营——从纵向分工到横向分工及连片专业化［J］. 中国农村经济，2017（11）：2-16.

［76］米建伟，黄季焜，陈瑞剑，等. 风险规避与中国棉农的农药施用行为［J］. 中国农村经济，2012（7）：60-71+83.

［77］牛文浩，申淑虹，蔡孟洋，等. 农业产业组织能否影响农户安全生产行为——来自陕西省眉县500户猕猴桃种植户的证据［J］. 农业技术经济，2022（1）：114-128.

［78］彭华新，宋思茹. "半熟人"网络社群中农村信任关系的重联——基于对四川G村"村群"的考察［J］. 新闻大学，2022（10）：1-12+118.

［79］齐琦，周静，王绪龙. 农户风险感知与施药行为的响应关系研究——基于辽宁省菜农数据的实证检验［J］. 农业技术经济，2020（2）：72-82.

［80］A. 恰亚诺夫. 农民经济组织［M］. 北京：中央编译出版社，1996.

［81］钱文荣，郑黎义. 劳动力外出务工对农户水稻生产的影响［J］.

中国人口科学，2010（5）：58-65+111-112.

［82］秦诗乐，吕新业. 市场主体参与能否减少稻农的农药过量施用？［J］. 华中农业大学学报（社会科学版），2020（4）：61-70+176-177.

［83］申红芳，陈超，廖西元，等. 稻农生产环节外包行为分析——基于7省21县的调查［J］. 中国农村经济，2015（5）：44-57.

［84］石弘华，杨英. 雇工自营制与农户行为效率分析——以湖南省邵阳地区为例［J］. 中国农村经济，2005（8）：17-20.

［85］石志恒，符越. 农业社会化服务组织、土地规模和农户绿色生产意愿与行为的悖离［J］. 中国农业大学学报，2022，27（3）：240-254.

［86］石志恒，符越. 社会化服务对农户农药减量行为的影响——基于服务专业化维度的考察［J］. 中国农业资源与区划，2023（3）：130-142.

［87］时鹏，王倩，余劲. 易地扶贫搬迁对农户收入的影响机理及效应——基于陕南3市8县1712个农户数据的实证分析［J］. 经济地理，2022，42（2）：190-202.

［88］西奥多·W. 舒尔茨. 改造传统农业［M］. 纽黑文：耶鲁大学出版社，1964.

［89］宋洪远. 中国农村改革三十年［M］. 北京：中国农业出版社，2008.

［90］宋英杰. 受教育程度与农民增收关系的实证研究——基于省际面板数据的分析［J］. 农业技术经济，2010，No.186（10）：50-57.

［91］孙顶强，Misgina Asmelash，卢宇桐，等. 作业质量监督、风险偏好与农户生产外包服务需求的环节异质性［J］. 农业技术经济，2019（4）：4-15.

［92］孙顶强，卢宇桐，田旭. 生产性服务对中国水稻生产技术效率的影响——基于吉、浙、湘、川4省微观调查数据的实证分析［J］. 中国农村经济，2016（8）：70-81.

［93］孙顶强，邢钰杰. 病虫害统防统治服务的产出效应与风险效应研究——基于江苏省水稻种植户的实证分析［J］. 农业技术经济，2022

(2): 4-15.

[94] 孙鹏飞, 赵凯, 贺婧. 农村人口老龄化、社会信任与农户宅基地退出——基于安徽省金寨县 614 户农户样本 [J]. 华中农业大学学报（社会科学版）, 2019（5）: 137-145+173.

[95] 孙晓燕, 苏昕. 土地托管、总收益与种粮意愿——兼业农户粮食增效与务工增收视角 [J]. 农业经济问题, 2012, 33（8）: 102-108+112.

[96] 田云, 张俊飚, 何可, 等. 农户农业低碳生产行为及其影响因素分析——以化肥施用和农药使用为例 [J]. 中国农村观察, 2015（4）: 61-70.

[97] 童霞, 高申荣, 吴林海. 农户对农药残留的认知与农药施用行为研究——基于江苏、浙江 473 个农户的调研 [J]. 农业经济问题, 2014, 35（1）: 79-85+111-112.

[98] 王常伟, 顾海英. 市场 VS 政府, 什么力量影响了我国菜农农药用量的选择？[J]. 管理世界, 2013（11）: 50-66+187-188.

[99] 王成利, 刘同山. 农地退出意愿对化肥、农药使用强度的影响——基于鲁、苏、皖三省农户的实证分析 [J]. 中国人口·资源与环境, 2021, 31（3）: 184-192.

[100] 王定祥, 李虹. 新型农业社会化服务体系的构建与配套政策研究 [J]. 上海经济研究, 2016（6）: 93-102.

[101] 王建华, 邓远远, 朱淀. 生猪养殖中兽药投入效率测度——基于损害控制模型的分析 [J]. 中国农村经济, 2018（1）: 63-77.

[102] 王建华, 刘苗, 李俏. 农产品安全风险治理中政府行为选择及其路径优化——以农产品生产过程中的农药施用为例 [J]. 中国农村经济, 2015（11）: 54-62+76.

[103] 王建华, 马玉婷, 王晓莉. 农产品安全生产: 农户农药施用知识与技能培训 [J]. 中国人口·资源与环境, 2014, 24（4）: 54-63.

[104] 王鹏程, 王玉斌. 中国乡村振兴——稻农病虫害防治外包行为及其效应研究 [D]. 中国农业大学, 2023.

[105] 王全忠, 田中宝, 潘锦云, 等. 信任能否促进农户选择病虫害统一防治服务？[J]. 中国农村观察, 2022 (4)：115-133.

[106] 王雨濛, 于彬, 李寒冬, 等. 产业链组织模式对农户农药使用行为的影响分析——以福建省茶农为例 [J]. 农林经济管理学报, 2020, 19 (3)：271-279.

[107] 王玉斌, 李乾. 农业生产性服务、粮食增产与农民增收——基于 CHIP 数据的实证分析 [J]. 财经科学, 2019 (3)：92-104.

[108] 王玉斌, 王鹏程. 病虫害防治外包提高了农民收入吗——基于安徽和江苏两省水稻种植户的实证分析 [J]. 农业技术经济, 2022 (10)：132-143.

[109] 王志刚, 吕冰. 蔬菜出口产地的农药使用行为及其对农民健康的影响——来自山东省莱阳、莱州和安丘三市的调研证据 [J]. 中国软科学, 2009 (11)：72-80.

[110] 王志刚, 申红芳, 廖西元. 农业规模经营：从生产环节外包开始——以水稻为例 [J]. 中国农村经济, 2011 (9)：4-12.

[111] 危朝安. 专业化统防统治是现代农业发展的重要选择 [J]. 中国植保导刊, 2011, 31 (9)：5-8.

[112] 武舜臣, 陆雪娇, 黄帅金. 农业生产托管项目何以取得成效——基于政策执行视角的审视 [J]. 中国农村观察, 2021 (5)：110-127.

[113] 谢琳, 胡新艳, 罗必良. 技术进步、信任格局与农业生产环节外包 [J]. 农业技术经济, 2020 (11)：4-16.

[114] 谢识予. 经济博弈论 [M]. 上海：复旦大学出版社, 2008.

[115] 孙顶强, 邢钰杰. 病虫害统防统治服务的产出效应与风险效应研究——基于江苏省水稻种植户的实证分析 [J]. 农业技术经济, 2022 (2)：4-15.

[116] 徐玉婷, 黄贤金, 陈志刚, 等. 农地转入规模扩大有助于农民农业增收吗？——基于中国中部5省农户调查的实证研究 [J]. 自然资源学报, 2016, 31 (10)：1624-1636.

[117] 许恒周, 牛坤在, 王大哲. 农地确权的收入效应 [J]. 中国人口·资源与环境, 2020, 30 (10): 165-173.

[118] 许建平, 代月星, 李明, 等. 北京市丰台区农药减量控制农业面源污染的实践探讨 [J]. 中国植保导刊, 2022, 42 (4): 99-102.

[119] 亚当·斯密. 国民财富的性质和原因的研究 [M]. 北京: 商务印书馆, 1972.

[120] 亚当·斯密. 亚当·斯密全集 (第2卷): 国民财富的性质和原因的研究 (上卷) [M]. 北京: 商务印书馆, 2014.

[121] 闫阿倩, 罗小锋, 黄炎忠. 社会化服务对农户农药减量行为的影响研究 [J]. 干旱区资源与环境, 2021, 35 (10): 91-97.

[122] 严火其. 农业害虫危害何以越来越严重 [J]. 中国农史, 2021, 40 (3): 3-15.

[123] 杨高第, 张露, 岳梦, 等. 农业社会化服务可否促进农业减量化生产？——基于江汉平原水稻种植农户微观调查数据的实证分析 [J]. 世界农业, 2020 (5): 85-95.

[124] 杨芷晴. 教育如何影响农业绿色生产率——基于我国农村不同教育形式的实证分析 [J]. 中国软科学, 2019 (8): 52-65.

[125] 杨志海. 生产环节外包改善了农户福利吗？——来自长江流域水稻种植农户的证据 [J]. 中国农村经济, 2019 (4): 73-91.

[126] 杨子, 张建, 诸培新. 农业社会化服务能推动小农对接农业现代化吗——基于技术效率视角 [J]. 农业技术经济, 2019 (9): 16-26.

[127] 银西阳, 余茜, 苏秦, 等. 互联网嵌入对农户化学农药减量使用的影响——基于PSM模型的计量分析 [J]. 中国农业资源与区划, 2023, 44 (2): 68-76.

[128] 应瑞瑶, 徐斌. 农户采纳农业社会化服务的示范效应分析——以病虫害统防统治为例 [J]. 中国农村经济, 2014 (8): 30-41.

[129] 应瑞瑶, 徐斌. 农作物病虫害专业化防治服务对农药施用强度的影响 [J]. 中国人口·资源与环境, 2017, 27 (8): 90-97.

[130] 应瑞瑶, 朱勇. 农业技术培训方式对农户农业化学投入品使用

行为的影响——源自实验经济学的证据［J］. 中国农村观察，2015（1）：50-58+83+95.

［131］应瑞瑶，朱勇. 农业技术培训对减少农业面源污染的效果评估［J］. 统计与信息论坛，2016，31（1）：100-105.

［132］于艳丽，李桦，薛彩霞. 政府规制与社区治理对茶农减量施药行为的影响［J］. 资源科学，2019，41（12）：2227-2236.

［133］余威震，罗小锋，唐林，等. 土地细碎化视角下种粮目的对稻农生物农药施用行为的影响［J］. 资源科学，2019，41（12）：2193-2204.

［134］展进涛，张燕媛，张忠军. 土地细碎化是否阻碍了水稻生产性环节外包服务的发展？［J］. 南京农业大学学报（社会科学版），2016，16（2）：117-124+155-156.

［135］张红宇. 农业生产性服务业的历史机遇［J］. 农业经济问题，2019（6）：4-9.

［136］张利国，吴芝花. 大湖地区种稻户专业化统防统治采纳意愿研究［J］. 经济地理，2019，39（3）：180-186.

［137］张露，罗必良. 农业的减量化逻辑：一个分析框架［J］. 农业经济问题，2022（4）：15-26.

［138］张露，罗必良. 农业减量化及其路径选择：来自绿能公司的证据［J］. 农村经济，2019（10）：9-21.

［139］张倩，朱思柱，孙洪武，等. 引致成本视角下不同规模农户施药行为差异的再思考［J］. 农业技术经济，2019（9）：48-57.

［140］张忠军，易中懿. 农业生产性服务外包对水稻生产率的影响研究——基于358个农户的实证分析［J］. 农业经济问题，2015，36（10）：69-76.

［141］张宗毅，杜志雄. 农业生产性服务决策的经济分析——以农机作业服务为例［J］. 财贸经济，2018，39（4）：146-160.

［142］赵连阁，蔡书凯. 晚稻种植农户IPM技术采纳的农药成本节约和粮食增产效果分析［J］. 中国农村经济，2013（5）：78-87.

[143] 赵培芳，王玉斌．农户兼业对农业生产环节外包行为的影响——基于湘皖两省水稻种植户的实证研究［J］．华中农业大学学报（社会科学版），2020（1）：38-46+163．

[144] 赵培芳，王玉斌，张树彦．中国乡村振兴——农户生产环节外包行为及其效应研究［M］．北京：中国农业大学出版社，2022．

[145] 赵鑫，张正河，任金政．农业生产性服务对农户收入有影响吗——基于800个行政村的倾向得分匹配模型实证分析［J］．农业技术经济，2021（1）：32-45．

[146] 赵艺华，周宏．社会信任、奖惩政策能促进农户参与农药包装废弃物回收吗？［J］．干旱区资源与环境，2021，35（4）：17-23．

[147] 赵玉民，朱方明，贺立龙．环境规制的界定、分类与演进研究［J］．中国人口·资源与环境，2009，19（6）：85-90．

[148] 郑纪刚，张日新．外包服务有助于减少农药过量施用吗——基于经营规模调节作用的分析［J］．农业技术经济，2022（2）：16-27．

[149] 郑淋议，钱文荣，刘琦，等．新一轮农地确权对耕地生态保护的影响——以化肥、农药施用为例［J］．中国农村经济，2021（6）：76-93．

[150] 郑思宁，赵家豪．政府介入农业有害生物风险防控的博弈分析［J］．中国农业大学学报，2021，26（7）：233-244．

[151] 周丹，杨晓玉，刘翌．农产品生产环节中农户外包行为分析［J］．西北农林科技大学学报（社会科学版），2016，16（3）：125-129．

[152] 周宏，高灿．基于环节差异的农业社会化服务与农业种植收入：来自江苏省水稻种植户的实证研究［J］．农林经济管理学报，2023（2）．

[153] 周曙东，张宗毅．农户农药施药效率测算、影响因素及其与农药生产率关系研究——对农药损失控制生产函数的改进［J］．农业技术经济，2013（3）：4-14．

[154] 朱淀，孔霞，顾建平．农户过量施用农药的非理性均衡：来自中国苏南地区农户的证据［J］．中国农村经济，2014（8）：17-29+41．

[155] 庄天慧, 刘成, 张海霞. 农业补贴抑制了农药施用吗? [J]. 农村经济, 2021 (7): 120-128.

[156] Abdulai A, Huffman W. The Adoption and Impact of Soil and Water Conservation Technology: An Endogenous Switching Regression Application [J]. Land Economics, 2014, 90 (1): 26-43.

[157] Abedullah, Kouser S, Qaim M. Bt Cotton, Pesticide Use and Environmental Efficiency in Pakistan [J]. Journal of Agricultural Economics, 2014, 66 (1): 66-86.

[158] Asfaw S, Mithfer D, Waibel H. EU Food Safety Standards, Pesticide Use and Farm-level Productivity: The Case of High-value Crops in Kenya [J]. Journal of Agricultural Economics, 2009, 60 (3): 645-667.

[159] Atreya K. Pesticide use knowledge and practices: A gender differences in Nepal [J]. Environmental Research, 2007, 104 (2): 305-311.

[160] Babcock B A, Lichtenberg E, Zilberman d. Impact of damage control and quality of output: Estimating pest control effectiveness [J]. American Journal of Agricultural Economics, 1992, 74 (1): 163-172.

[161] Baron R M, Kenny D A. The Moderator-mediator Variable Distinction in Social Psychological Research: Conceptual, Strategic, and Statistical Considerations [J]. Journal of Personality and Social Psychology, 1986, 51 (6): 1173-1182.

[162] Becker G S, 1976: The Economic Approach to Human Behavior: Chicago University Press, 1980.

[163] Benjamin D. Household Composition, Labor Markets, and Labor Demand: Testing for Separation in Agricultural Household Models [J]. Econometrica, 1992, 60 (2): 287-322.

[164] Carpentier A, Weaver R D. The Contribution of Pesticides to Agricultural Production: A Reconsideration, Working Paper, 1995.

[165] Chernozhukov V, Hansen C B. Instrumental variable quantile regression: A robust inference approach [J]. Journal of Econometrics, 2008,

142（1）：379-398.

[166] Feder G, Just R E, Zilberman D. Adoption of Agricultural Innovations in Developing Countries: A Survey [J]. Economic Development & Cultural Change, 1985, 33（2）：255-298.

[167] Fox G, Weersink A. Damage Control and Increasing Returns [J]. American Journal of Agricultural Economics, 1995, 77（1）：33-39.

[168] Friedman D. On economic applications of evolutionary game theory [J]. Journal of Evolutionary Economics, 1998, 8（1）：15-43.

[169] Granovetter M. Economic Action and Social Structure: The Problem of Embeddedness [J]. American Journal of Sociology, 1985, 91（3）：481-510.

[170] Hall D C, Norgaard R B. On the Timing and Application of Pesticides [J]. American Journal of Agricultural Economics, 1973, 55（2）：198-201.

[171] Headley J C. Estimating the Productivity of Agricultural Pesticides [J]. American Journal of Agricultural Economics, 1968, 50（1）：13-23.

[172] Hope O K, Yue H, Zhong Q L. China's anti-corruption campaign and financial reporting quality [J]. Contemporary Accounting Research, 2020, 37（2）：1015-1043.

[173] Hruska A. Government Pesticide Policy in Nicaragua 1985 – 89 [J]. Global Pesticide Monitor, 1990（1）：3-5.

[174] Huang J, Hu R, Rozelle S, Qiao F, Pray C E. Transgenic varieties and productivity of smallholder cotton farmers in China [J]. Australian Journal of Agricultural and Resource Economics, 2002, 46（3）：367-387.

[175] Huang J, Qiao F, Zhang L, Rozelle S. Farm Pesticide, Rice Production, and Human Health [J]. Eepsea Research Report, 2000：901-918.

[176] Jallow M, Awadh D G, Albaho M S, et al. Pesticide risk behaviors and factors influencing pesticide use among farmers in Kuwait [J]. Science of the Total Environment, 2017, 574（JAN.1）：490-498.

[177] Jayne T S, Mather D, Mason N, et al. How do fertilizer subsidy programs affect total fertilizer use in sub-Saharan Africa? Crowding out, diversion, and benefit/cost assessments [J]. Agricultural Economics, 2013, 44 (6): 687-703.

[178] Jha R K, Regmi A P. Pesticide Productivity and Vegetable Farming in Nepal [J]. SANDEE Working Paper, 2009.

[179] Jin S, Jayne T S. Land Rental Markets in Kenya: Implications for Efficiency, Equity, Household Income, and Poverty [J]. Land Economics, 2013, 89 (2): 246-271.

[180] Kahneman D, Tversky A. Prospect Theory: An Analysis of Decision under Risk [J]. Econometrica: Journal of the economic society, 1979, 47 (2): 263-291.

[181] Lichtenberg E, Zilberman D. The Econometrics of Damage Control: Why Specification Matters [J]. American Journal of Agricultural Economics, 1986, 68 (2): 261-273.

[182] Liu E M, Huang J K. Risk preferences and pesticide use by cotton farmers in China [J]. Journal of Development Economics, 2013, 103: 202-215.

[183] Liu T S, Wu G. Does agricultural cooperative membership help reduce the overuse of chemical fertilizers and pesticides? Evidence from rural China [J]. Environmental Science and Pollution Research, 2022 (5): 7972-7983.

[184] Lokshin M, Sajaia Z. Impact of interventions on discrete outcomes: Maximum likelihood estimation of the binary choice models with binary endogenous regressors [J]. Stata Journal, 2011, 11 (3): 368-385.

[185] Ma W L, Abdulai A. Does cooperative membership improve household welfare? Evidence from apple farmers in China [J]. Food Policy, 2016, 58: 94-102.

[186] Ma W L, Abdulai A. IPM adoption, cooperative membership and farm economic performance: Insight from apple farmers in China [J]. China Ag-

ricultural Economic Review, 2018, doi: 10. 1108/caer-12-2017-0251.

[187] Ma W L, Zheng H Y, Yuan P. Impacts of cooperative membership on banana yield and risk exposure: Insights from China [J]. Journal of Agricultural Economics, 2022, 73.

[188] Ma W L, Zheng H Y. Heterogeneous impacts of information technology adoption on pesticide and fertiliser expenditures: Evidence from wheat farmers in China [J]. Australian Journal of Agricultural and Resource Economics, 2021, doi: 10. 1111/1467-8489. 12446.

[189] Ma W, Abdulai A, Ma C. The effects of off-farm work on fertilizer and pesticide expenditures in China [J]. Review of Development Economics, 2018, 22 (2): 573-591.

[190] Maddala G, Methods of estimation for models of markets with bounded price variation [J]. International Economic Review, 1983, 24 (2): 361-378.

[191] Miranowski J A. The demand for agricultural crop chemicals under alternative farm program and pollution control solutions [D]. Harvard University, 1975.

[192] Ramirez, Ana. The Influence of Social Networks on Agricultural Technology Adoption [J]. Procedia -Social and Behavioral Sciences, 2013, 79 (79): 101-116.

[193] Schreinemachers P, Chen H P, Nguyen T T L, Buntong B, Bouapao L, Gautam S, Le N T, Pinn T, Vilaysone P, Srinivasan R. Too much to handle? Pesticide dependence of smallholder vegetable farmers in Southeast Asia [J]. Science of The Total Environment, 2017, s 593 - 594: 470-477.

[194] Shumway C R, Chesser R R. Pesticide Tax, Cropping Patterns, and Water Quality in South Central Texas [J]. Journal of Agricultural and Applied Economics, 1994, 26 (01): 224-240.

[195] Skevas T, Stefanou S E, Lansink A O. Can economic incentives

encourage actual reductions in pesticide use and environmental spillovers? [J]. Agricultural Economics, 2012, 43 (3): 267-276.

[196] Smith A D, Paul C M, Goe W R, et al. Computer and Internet Use by Great Plains Farmers [J]. Working Papers, 2004.

[197] Sun D, Michael R, Xu Z. Determinants and impacts of outsourcing pest and disease management: Evidence from China's rice production [J]. China Agricultural Economic Review, 2018, 10 (3): 443-461.

[198] Talpaz H, Borosh I. Strategy for Pesticide Use: Frequency and Applications [J]. American Journal of Agricultural Economics, 1974, 56 (4): 769-775.

[199] Tang L Q, Liu Q, Yang W J, Wang J Y. Do agricultural services contribute to cost saving? Evidence from Chinese rice farmers [J]. China Agricultural Economic Review, 2018, 10 (2): 323-337.

[200] Taylor A B, Mackinnon D P, Tein J Y. Tests of the three-path mediated effect [J]. Organizational Research Methods, 2008, 11 (2): 241-269.

[201] Teague M L, Brorsen B W. Pesticide Productivity: What are the Trends? [J]. Journal of Agricultural & Applied Economics, 1995, 27 (1): 276-276.

[202] Warfield J N. Implication structures for system interconnection matrices [J]. IEEE Transactions on Systems, Man, and Cybernetics, 1976, SMC-6 (1): 18-24.

[203] Williamson O E. The Economic Institution of Capitalism [M]. New York: The Free Press, 1985.

[204] Young A A. Increasing Returns and Economic Progress [J]. Economic Journal, 1928, 38 (152): 527-542.